谢谢经理
给我机会！
只要你努力，
机会会更多！

管理心理学

MANAGEMENT PSYCHOLOGY

吴琦 编著

北京日报出版社

图书在版编目（CIP）数据

管理心理学 / 吴琦编著 . -- 北京 : 北京日报出版社，2016.8

ISBN 978-7-5477-2176-6

Ⅰ . ①管… Ⅱ . ①吴… Ⅲ . ①管理心理学 Ⅳ . ① C93-05

中国版本图书馆 CIP 数据核字 (2016) 第 136432 号

管理心理学

出版发行：北京日报出版社
地　　址：北京市东城区东单三条 8-16 号东方广场东配楼四层
邮　　编：100005
电　　话：发行部：（010）65255876
　　　　　总编室：（010）65252135
印　　刷：三河市祥达印刷包装有限公司
经　　销：各地新华书店
版　　次：2016 年 8 月第 1 版
　　　　　2016 年 8 月第 1 次印刷
开　　本：710 毫米 ×1000 毫米　1/16
印　　张：16
字　　数：240 千字
定　　价：32.80 元

前言

Preface

20世纪50年代，自从管理心理学兴起后，便一直处于社会边缘位置。随着社会经济和管理发展的需要，现如今，管理心理学已逐渐引起经济学家、商业人士的广泛注意，并且开展了对管理心理学方面的大量研究工作，使得管理心理学逐渐完善和发展，如今管理心理学以体系的形式出现在大众面前。

现代管理中认为："真正的管理，是抓住人心的管理。"而美国前管理协会会长赫尔雷格尔教授在其《组织行为学》一书中也指出："二十一世纪管理学的趋势是心理学化。"管理者只有找准了员工的心理规律，才能够找到启动员工动力的枢纽，才能够将企业需求和管理手段巧妙地结合起来，以此来彰显管理者的魅力，使得管理事业能够收到事半功倍的效果。

美国哈佛大学教授米奇·爱德华指出："只有抓住了人心，才能够挖掘出他们的才智，才能够进一步管理他们的行为。"不管从哪一方面说，人都是社会经济的主体，是企业发展的根本，是企业最长久的生产力。那么，在这本《管理心理学》书籍中，我们是如何展现“人”这个管理与被管理“主体”的呢？本身又有哪些特色呢？

首先，本书共十六章。分别从领导者的自我管理、如何组建团队、企业内部的授权监管问题、制度与员工的约束关系、管理者思维能力和企业发展关系以及企业文化对于员工的带动感染问题等，结合生动案例，并以此来辅助管理者的管理，以及企业的发展。

其次，语言生动，通俗易懂。管理心理学是一门理论性比较强的学科，在现今市面上，管理心理学的书籍并不少见，但是大多都晦涩难懂，专业性比较强。基于此，我们编撰了这本通俗易懂的《管理心理学》，结合日常管理案例，解读员工心理，为管理者提供了比较生动的材料依据。

再次，实用性比较强。不管是哪个领域的心理学，都是为解决实际问题而存在的，这本《管理心理学》也不例外。这本书在基于人的基本心理特征的基础上，从实际管理问题出发，分析并解决了相关的企业管理问题，是企业管理人员不可或缺的管理参考资料。

总之，这本《管理心理学》专门研究了管理行为中个人与团体、企业的心理活动规律，将人融入企业管理目标系统中，并以此作为基础的研究对象，期望能够在了解员工心理活动的基础上，最大限度地调动员工的积极性和创造性，以此改善企业经营状况，提高工作效率，为企业创造最大利益。

最后，由于本书编辑经验有限，在操作过程中，难免会有错误、遗漏之处，若有发现，敬请指正，以帮助改正，我们将不胜感激。

目录
Contents

第1章
低调修身：人格决定号召力，人气提升影响力

树立行为标杆，展现良好形象 / 2

管理者的微笑是对员工的一种情感传输 / 7

懂得在低调中成就自己的高度 / 9

以敢于承担责任的风度，提高自己的威信 / 12

心怀空杯，取长补短，虚心学习 / 15

第2章
情绪管理：稳住自己的心境，才能够修己安人

不显山露水，以神秘感造就权威 / 20

遇大事不要急于表明态度 / 22

自控可以化解危机，纵容便会迈入雷池 / 24

负面情绪像病毒，泄露出来就会传染 / 27

心气平稳，别让脾气冒出来 / 30

第3章
识人有方：透过现象看本质，读懂心理了解人

不要让第一印象迷惑了你的心 / 34

选才不是选美，切忌以貌取人 / 36
不要以自己的标准知觉他人 / 39
注重个性化差异，不要给员工定型 / 41
新员工更容易塑造 / 43
求远不如求近，盘点公司内部人才 / 45

第4章
知人善任：用人不用其长，良驹不如劣马

善用比自己强的员工 / 50
适才适用，才能人尽其才 / 52
把员工放在他们感兴趣的位置上 / 55
要最和谐的组合，而不是要最优秀的组合 / 58
将合适的人请上车，将不合适的人请下车 / 61

第5章
心理激励：满足员工心理需求，保持持续积极状态

金钱无法持续提升员工满意度 / 64
尊重是有效的零成本激励 / 66
管理者要用实际行动拉动员工的积极性 / 68
盲目地晋升，会让效果适得其反 / 70
工作多元化，让员工保持永久活力 / 73
赞美是投资最小、回报率最高的方式 / 75
巧用“竞争对手”，激励员工上进心 / 77

第6章
沟通心理："把脉"员工心理，提高员工的忠诚度

创造交流气氛，为心理沟通做暖身 / 82
谈话现场人越少，沟通的心理效果越好 / 84
沟通的重点不是说什么，而是听什么 / 87
适时沉默，给员工留点心理空间 / 90
不顾及员工自尊的劝说，毫无成效 / 92

第7章
权力分配：管得少就是管得好，授权比命令更有效

不要事无巨细，管理的成效反而越好 / 96
放下权力，就可以收上人心 / 99
信任的委托是有效授权的基础 / 101
因事择人，视德授权 / 103

第8章
责任落实：清晰界定权责范围，减少企业内部矛盾

授权不授责，权力会滥用 / 108
提供指导不代做 / 110
明确责任，让"猴子"各就各位 / 113
给员工贯彻"我"的意识 / 116
赋予责任要顺应人的本性 / 119

第9章 科学监督：有效的监督机制，可永葆企业长久生命力

用人不疑，并不是管理中的“主旋律” / 124
授权要跟进，监管来执行 / 125
没有自觉性的员工毕竟只是一小部分 / 128
强调什么，检查什么 / 130
评定员工的时间消费，拒绝拖延现象 / 133

第10章 制度约束：规范引导员工的行为，提升企业凝聚力

失去规则约束，所有的工作将无法进行 / 138
制度决定一个人的行为 / 140
同时采用两种标准，企业会陷入混乱 / 144
有制度不执行，比没有制度危害还要大 / 147
管理者不带头，制度也就形同虚设 / 149

第11章 奖惩制度：激励正确的进取，惩罚错误的行为

激励“快牛”，鞭策“慢牛” / 154
奖励期待的行为，就能得到期待的结果 / 157
奖赏是“兴奋剂”，敞开了吃也有副作用 / 160
适当的惩罚比奖励更有效 / 163

第12章 决策艺术：正确决策会让企业永葆活力

掌控“载流容量”，提高决策效率 / 168

假设可行的同时，也要假设不可行 / 171
决策具有时效性，速度才是胜负的关键 / 174
开会的目的是解决问题，而非制造问题 / 177

第13章
创新思维：注重创新管理，增强企业创造力

用领导力保证创新力 / 182
突破常规找出口 / 185
出其不意，方能制胜 / 188
创造条件去解决问题 / 191
走出创新思维的盲区 / 193

第14章
细节管理：不是做一件大事，而是要厘清万件小事

1% 的错误会带来 100% 的失败 / 198
事情的质变，往往出于一个微小问题 / 200
"差不多"心理，会让工作漏洞百出 / 202
没什么事情像看上去一样简单 / 204

第15章
企业文化：充分发挥企业文化的激励功能

企业文化具有强大的功能 / 208
要让企业文化"落地有声" / 210
优秀的企业文化都具有兼容性 / 213
保持企业文化与企业形象的统一 / 216
发挥文化的整合力来提升企业战斗力 / 220

第16章 企业目标：让企业实现目标成为员工的理想

目标多元化，会让企业失去方向 / 226
够得着的目标对员工最有吸引力 / 228
用“小步子”完成大目标 / 230
在企业利益中，巧妙显示出员工利益 / 232
个人目标汇聚成的共同目标，才最有能量 / 236
过于专注目标的方法，会影响目标的达成 / 239

参考文献 / 243

第1章

低调修身：人格决定号召力，人气提升影响力

有人说："一头狮子所带领的羊群，就可以打败一头羊带领的狮群。"这句话充分表现出领导在一个团队中的重要性。德国社会学家马克斯·韦伯提出了魅力型领导，认为有魅力的领导，能够凝聚人心、一呼百应，对下属产生极其深远的影响，并有着不同寻常的号召力。

☆ 树立行为标杆，展现良好形象

《资治通鉴》中说：“君，源也；臣，流也。浊其源而求其流之清，不可得矣。”意思是说，君主是河流的源头，臣子是支流。源头浑浊而却想要支流清澈，是不可以得到的。这句话放在管理中，管理者就是河流的源头，下属便是河流的支流。管理者如若不以身作则，那么下属也会随波逐流，得过且过。

心理学研究表明，通常情况下，出于模仿心理，员工在工作中都会给自己树立一个参照物，并且不自觉地将自己的言行举止和参照物相对比，如若发现自己的行为不符合参照物的标准，那么他们就会立即进行改正。而员工所选择的这个参照物，往往就是处于集体中心的领导。而且，这一模仿行为很快就会在接人待物当中体现出来。

管理者的德行好比风，下属的德行好比草，风向哪边吹，草就向哪边倒。“君明则臣直。”可见，管理者在工作中的示范效应从古至今都是一样的。

“以令率人，不若身先。”在企业中，如果管理者能够率先垂范，能够以身作则，那么这种激情和精神就会影响下属，让大家形成一种积极向上的态度，形成热情的工作氛围。可以说，管理者的榜样作用是具有强大的感染力和影响力的。

著名管理学家帕瑞克说：**“除非你能管理‘自我’，否则你不能**

管理任何人或任何东西。”好的领导人必须懂得，持之以恒的实际行动更甚于多余的说教。作为领导者，要求下级和员工做到的事，自己必须首先做到。如此，才能调动下属的自觉性，才能够影响他们心理乃至行为上的转变，并以此来引导他们朝着良性的方向发展。领导自己做不到的事，就不要要求下属去做。要求下属改掉坏毛病，就要自己首先改掉坏习惯。

玛丽·凯是美国玛丽·凯化妆品公司的创始人，她非常注重企业组织中经理的榜样作用，因为她非常清楚经理作为一个部门的负责人，其行为受到整个工作部门员工的关注。

她说：“人们往往模仿经理的工作习惯和修养，而不管其工作习惯和修养是好还是坏。假如一个经理常常迟到，吃完午饭后迟迟不回办公室，打起私人电话没完没了，不时因喝咖啡而中断工作，一天到晚眼睛只盯着墙上的挂钟，那么，他的部下大概也会如法炮制。值得高兴的是下属们也会模仿一个经理的好习惯。例如，我习惯在下班前把办公桌清理一下，把没干完的工作装进手提袋带回家，坚持当天的事当天做完。尽管我从未要求过我的助手和秘书也这样做，但是她们现在每天下班时，也常提着包回家。作为一个经理，重任在肩，职位越高，就越应重视给人起到好的榜样。因为经理总是处于众目睽睽之下，所以你在做任何事情时务必要考虑到这一点。”

的确，管理者的所作所为很容易引起下属的模仿。管理者如果骁勇善战，下属就会不计安危冲锋陷阵；管理者如果处处吃苦在前、享受在后，下属就会不计私利、甘于奉献。对于企业来说，领导干部不仅是领导者，更是劳动者；不仅是指挥员，更是战斗员。领导干部要求别人做的事情，自己首先要带头做好，这样才有影响力和号召力。

开国上将许世友曾讲过，“有带头冲的官，就有不怕死的兵。”所以领导者必须努力提高自己的个人素养，注重以身示范，在自己的团队中起到“火车头”的作用。

日本企业家土光敏夫认为，领导者以身作则的管理风格不仅能为企业带来巨大的经济效益，而且还是企业培养敬业精神的最佳途径。

日本东芝电器公司是当今世界上屈指可数的名牌公司之一。但是，二十多年前，东芝电器公司因经营方针出现重大失误，负债累累，濒临倒闭。在这个生死关头，东芝公司把目光盯在了日本石川岛造船厂总经理土光敏夫的身上，希冀能借助土光敏夫的“神力”，力挽狂澜，把公司带出死亡的港湾，扬帆远航。

土光敏夫在领导管理方面具有大将风范。早在“二战”结束时，负债累累、濒于破产的石川岛造船厂毅然挑选了土光敏夫出任总经理。土光敏夫分析了国内外形势，得出了一个结论：困难是暂时的，经济复苏必然会来临，而经济复苏离不开石油，运输石油又离不开油轮，油轮越大则越经济。为此，土光敏夫果断决策：组织全体技术人员攻关，建造20万吨巨型油轮。由于从来没建造过这样大的油轮，全厂员工信心不足。

土光敏夫不断地与各级管理人员促膝交谈，鼓舞士气。为了集思广益，土光敏夫创办内部刊物《石川岛》，让全厂员工随意发表意见。土光敏夫还建立目标管理制度，把全体员工的利益、荣辱与造船厂的利益、荣辱紧紧联系在一起，终于造出了20万吨级油轮，使造船厂摆脱了困境。

土光敏夫十分提倡敬业精神，号召全体员工为公司积极奉献。土光敏夫的办公室有一条横幅：“每个瞬间，都要集中你的全部力量工作。”土光敏夫以此为座右铭，他每天第一个走进办公室，几十年如一日，从未请过假，从未迟到过，一直到80岁高龄的时候还与老伴一起住在一间简朴的小木屋中。

土光敏夫有一句名言："上级全力以赴地工作就是对下级的教育。职工三倍努力，领导就要十倍努力。"如今，日本东芝电器公司已经跻身于世界著名企业的行列，它与石川岛造船公司同被列入世界百强企业。这与土光敏夫以身作则、身先士卒的管理制度是分不开的。这也是作为领导者以身作则的最好注脚吧！

榜样的力量是无穷的，员工的行为总是下意识或者是潜意识中跟随着管理者，并把管理者的行为作为规范来要求自己不断向更高层次靠拢，所以只有管理者在自身做得较好的情况下，下属的行为才会不断地向前发展。

身为管理者，如果没有实干精神，做任何工作都将一事无成；如果缺乏脚踏实地的实干精神，工作浮在面上，成绩挂在嘴上，凡事浅尝辄止、蜻蜓点水，遇到矛盾绕着走，遇到困难就低头，是不可能做好工作，也无法打造良好的形象。

我们为什么要强调领导管理者必须注重展现良好形象呢？因为这对管理活动具有重大的意义。

1. 领导形象是领导者履行职责的基础

领导形象是在领导者与下属广泛接触的过程中形成的，是领导者个人内在素质和能力的外在化。领导者树立形象的过程，也就是下属对其实施领导、履行职责进行评判的过程。一般来说，领导者在下属中树立了良好的形象，说明下属承认了该领导者，并对其工作给予理解与支持，该领导者就具有履行职责、实施领导的基础。相反，一个领导者在下属中缺乏良好的形象，说明下属没有认可该领导者，也就很难对其工作给予理解和支持。

2. 领导形象关乎管理活动的成败

领导者是领导活动的管理者和决策者，对领导活动的成败具有重大作用。领导形象如何，不仅关系到领导者个人的威信和号召力，而且关系到组织的整体形象和凝聚力，关系到领导活动能否顺利进行。领导者如果能够树立良好的形象，即以饱满的精神风貌、高尚的领导魅力、优良的领导作风和得体的领导仪表等赢得下属的好感和信赖，不仅有利于领导威信的建立，而且有利于领导的决策、指示，由此必然能增强执行力。相反，领导者如果不能在下属中树立良好的形象，就不能得到下属的理解、支持与认可，领导活动就难以顺利进行。

3. 领导形象直接影响管理效能

领导形象的好坏直接影响到管理效能的发挥。领导形象对于实施管理活动一般会产生两种效能：一方面，良好的领导形象能产生积极的正效应，可以激励团队成员支持领导者开展各项工作，充分调动被领导者的主动性和创造性，努力发挥他们的聪明才智，坚决贯彻执行目标。另一方面，不良的领导形象会产生负效应，使被领导者对领导者产生不信任感。

由此可见，领导者塑造良好的形象，对于管理活动是多么重要！简而言之，展现良好的形象，才能焕发其标杆的效应，树立行为的标杆，才能展现出良好形象，这是相辅相成、辩证统一的。

☆ 管理者的微笑是对员工的一种情感传输

微笑虽是一种无声的语言，但它却给人类以无穷的力量，恰似那挺拔的苍松，积蓄着万般能量。微笑本身就蕴藏着很大的吸引力，它让所有人都无法拒绝它的感染力，即使冰山也会被它融化成春水。

对于领导者来说，微笑有着不容忽视的魅力，它是建立良好人际关系的润滑剂，能够感染周围人的情绪。美国马里兰大学巴尔的摩分校心理学家罗伯特·普罗维恩认为，**微笑是人际关系中最强有力的武器，它能够让我们迅速和他人融为一体**。美国加州大学伯克利分校心理学教授达彻·凯尔特纳也对"微笑对人的心理作用"作了相应的研究，发现常微笑的人自身就带着一种正能量，更容易在事业中成功，更具有感染力。

领导者发自内心地对下属微笑，会给下属带来温暖，留下宽厚、谦和、平易近人的良好印象，同时这也缩短了领导者和下属彼此的心理距离，产生心理上的相容性。微笑，也可以让人积极乐观地面对一切，使一切的困难迎刃而解。也就是说，微笑是激励人走向成功的一种内在驱动力量。身为领导，应该用微笑把乐观的情绪传递给你周围的下属，让下属因为你的感染而保持愉悦的心态，从而充分发挥他们的工作效率，使公司取得非凡的成果。

美国著名的企业家吉姆·丹尼尔便依靠着微笑的神奇力量，救活了濒临破产的企业。

阿米尔公司是一家生产钛产品的联合企业，是美国钢铁公司和国民制酒公司的一家子公司。曾经，这家公司的经营很一般，生产效率和生产利润都比较低。不过，自从丹尼尔出任这家公司的总经理后，情况大幅度好转。

丹尼尔在工厂的各个角落贴了一张告示，上面写着："如果你看到谁的脸上没有笑容，那么就请主动对他微笑吧"，"员工不开心，将一事无成"。他还给公司打上了"笑脸"的标志，不管是在信笺上，还是在厂门口、工帽上，都有一张"笑脸"。

此外，丹尼尔还花费了大量的时间，去巡视工厂：和每一个遇到的工人打招呼，微笑，倾听他们的建议等。三年后，丹尼尔的这一措施的效果开始发挥出来，这家濒临倒闭的公司，在没有增加任何投资的前提下，不仅还完了所有的欠款，而且生产效率也较之前提高了80%。《华尔街日报》将此次计划描述为："由一个感人肺腑的口号、彼此间的交流和满脸的微笑组成的一个大拼盘。"

丹尼尔所提倡的微笑计划，富有一种很强的感染力，它能感染每一位员工的神经、情操和思想。作为领导者，更应该注意发挥微笑所具有的独特魅力，用微笑来面对每个下属和每一件事，就会在企业内创造出一个和谐融洽的气氛。在这种氛围中，不仅能使每个下属尽心尽力、积极主动地工作，而且还能相互支持、相互帮助，形成一个所向无敌的高效团队。企业有了这样一个团队，就直接构成了企业的核心竞争力，保证了企业持续稳定发展。低调的领导者绝不会吝啬自己的微笑，它是领导者提升自身魅力的一种手段。

不难想象，若领导者整天以一副严肃、冰冷和生硬的面孔笼罩在下属心上，下属整天战战兢兢、恐惧不安，哪里还能保证做好工作，哪里还能积极主动地发挥自己的能动性？在这种情况下，无论企业的领导者多么有能力，也难以让企业创造出一个令人满意的业绩来。虽然微笑并不能代替有效的管理制度和方法，但却能起到任何好的管理制度都起不到的微妙作用。因为微笑不仅可以增加领导者的魅力，促进组织的和谐融洽，还是领导者组织良好的人际关系和调节各种矛盾的润滑剂。低调的领导者总是将微笑巧妙地运用到工作中，让它发挥独特的魅力赢得下属的尊敬和支持。

☆ 懂得在低调中成就自己的高度

古语曰：“地低成海，人低成王。圣者无名，大者无形。”地势不畏惧其低，方能够汇聚成大海。人不畏惧其低，方能服众称王。世间的万事万物都起于低，成于低。低成就了高，高也演绎了低。而做人，低调便是一种境界、一种风范、一种修养、一种为人处世的大智慧。

> 领导者的微笑没有任何成本，却创造出了不可估量的价值。

精明的领导者要懂得在低调中成就自己的高度，懂得在内敛中聚集人心，懂得在深藏中展现自己的智慧，懂得在沉静中显露自己的胸襟，懂得在无言中施展自己的谋略。

美国人本主义心理学家亚伯拉罕·马斯洛，在他的需求层次理论中指出，人们有得到别人尊重的心理需要。只有当员工接受到相应的尊重后，他才会主动和管理者建立一种和谐的关系，才能够促进企业的发展。老子有言：“善用人者为之下。”尊重别人，礼贤下士，才能得到无数英雄的认可、追随，为之奋战，从而同心协力开出一座江山，打出一片天下。

说起低调而又传奇，并极富人格魅力的中国企业家，我们会自然而然地想起“华为”的老总任正非。《福布斯》杂志曾经这样评价他：“任正非虽然很少出现在公众视野内，但他确是国际上最受人尊敬的中国企业家。”前《中国企业家》杂志社社长刘东华也说：“任正非几乎是中国最有静气和定力的一位企业家。”

不过，任正非为人低调，但对员工的照顾却非常的“高调”。

据说，华为公司总部曾经有两个女员工，在电梯里抱怨公司财务制度上的一些小问题。而和她们一同乘坐电梯的，还有一个相貌不扬的长者。第二天，这两个女员工就被告知，财务上的那些小问题已经解决了。原来，那个相貌不扬的长者就是任正非。

承认自己的伟大，就是认同自己的愚疑。

还有一次，华为的一名普通员工出差回来时，恰好在机场遇到了任正非。此时，这个普通员工只想赶快躲过去，不想打扰到任正非。没想到，任正非认出他是华为的员工，还主动上前打招呼，并让自己的司机将他送回家，而后自己才回家。这一举动，让这个普通员工感动不已。

任正非曾经对媒体说：“媒体记者总喜欢将成绩扣在企业老总一个人头上，不然不生动，以虚拟的方法塑造一个虚化的人。我不认为自己像外界传说的那样有影响力，但是一个很敬业、无私、能团结的人。这些年华为有一点成绩，是在全体员工的团结努力，以及在核心管理团队的集体领导下取得的。只是整个管理团队也很谦虚，于是就把一些荣誉虚拟地加到了我的头上。”

从任正非的一番话和一些事情中，我们不难看出，他不仅为人低调，而且在员工面前就如同一个和善的长者，从来不摆所谓的“官架子”。不难想象，如果领导者任正非缺乏低调，对员工盛气凌人，势必会很难看清楚华为公司的未来发展形势，也很难得到华为员工的拥护。华为前进的步伐则会严重受阻，甚至还有被倾覆的危险。可以这么说，正是由于任正非的低调处世，平易待人，才让华为取得了如此绚丽的成就。

而从管理者的威信方面来说，那些借助本人的道德品质、真才实学，与众人建立密切的感情关系的管理者，威信越大；而那些借资历、职位，常摆出一副官样的管理者，其威信越小。

作为一个现代社会的管理者，不管处在多高的地位，都要谨记这条警示，懂得把自己放在“低”的位置，即使你心里再傲，至少外表上要装作谦逊的样子，让下属觉得可亲可敬。这样不仅不会降低身份，相反还能抬高自己在众人心目中的形象和威信，赢得大家的跟随和爱戴。

☆ 以敢于承担责任的风度，提高自己的威信

前英特尔首席执行官安德鲁·格罗夫曾说：“那些所有处在管理岗位上的人，不管男女老幼，都害怕一旦承认了错误，就会将自己费尽千辛万苦得来的尊重毁于一旦。其实不然，承认错误，正是力量、魅力与正直的标志。”

在积极心理学中，责任心理是其中的表现形式之一，是一个人重要的心理素质，也是一个优秀之人所必备的品质。而在现实生活中，有的管理者因为迷恋“权威说”，进而走入了一个心理误区：不能承认错误，最起码不能轻易地承认错误，否则就会毁掉自己的领导形象，会失去自己的威信，失去员工对自己的尊重。出于这样的心理，有的管理者从不会主动承认错误，哪怕是显而易见的错误。有的管理者甚至在自己犯了错误之后，将责任推诿给员工，试图给人造成一种“我的决定是正确的，只是下面的歪嘴和尚念错了经”的错觉。

俗话说，人无完人，金无足赤，每个人总有自己的缺点，任何人都难免会犯一些错误。当人犯错误的时候，心理上往往会趋于对自己有利的一面而想隐瞒自己的错误，害怕承认之后会很没面子。特别是做领导的，担心承认错误会损害自己的威信，于是死不认错，甚至还极力把错推卸出去。

> 承认错误是一个人最大的力量源泉，因为正视错误的人将得到错误以外的东西。

可是，这种死不认错的做法并不是一种上策，因为死不认错的坏处比好处多得多。

如果你犯的是大错，那么此错必定有人知道，甚至在员工之间已经传开，你的狡辩只是“此地无银三百两”，让人对你心生嫌恶罢了。如果所犯之错证据确凿，你虽然具有一流的狡辩功夫，但还是逃不掉责任，那又何苦去推卸呢？如果你所犯的只是小错，用推卸去换取别人对你的嫌恶，那更划不来！

姑且不论犯错所需承担的责任，不认错和遇事推卸也有损于自己的形象。不管你口才多么好，权力多大，又多么狡猾，如果你逃避错误，那他人就会认为你“敢做不敢当”“没气度”等。于是，员工们不敢信任你，更因怕你哪天又犯了错，把责任推得一干二净，于是抵制你，拒绝与你合作。而最重要的是，不敢承认错误会成为一种习惯，也使自己丧失面对错误、解决问题和培养解决问题能力的机会。

所以，一个领导者，要有豁达的心胸和态度，要敢于承担责任，承认错误，这才是一个优秀领导者需要具备的职业素质和修养。

松下幸之助是日本的经营之神，脾气比较暴躁，而且信奉“挨骂是进步的动力”这一原则，使得很多犯错的员工避他如猛兽。不过，如若是松下幸之助自己犯了错误，他也会自己惩罚自己，会照样依照公司的规章处罚自己，毫不客气。

松下电器公司的早期阶段，有一个员工在得到松下幸之助的同意后，签下了一笔数额巨大的销售订单。货物送出去之后，对方却因为资金紧张而迟迟无法付款。因为对方的信誉一直不错，所以这个员工也没有太过于逼迫，而是照常给这家公司供货。后来，这家公司因为债务问题而宣告破产，这个员工多次前去催款，都没有得到一个好的答复。

在公司的年终会议上，这笔账被提到了台面上。因为数额巨大，这个员工所在的部门亏损巨大。部门经理无可奈何，只能将情况如实报告给了松下幸之助。所有人都在等着一场暴风雨的到来。出乎意料的是，松下幸之助并没有发表任何意见，甚至在会议上都没有提到这件事情。

部门经理惴惴不安地跑到松下幸之助的办公室，想要知道最终的处理办法。松下幸之助说：“我决定签下的这笔业务，作为公司的管理者，没有好好了解对方公司的财务情况，就贸然做了决定，这是我的责任。我很愧疚，已经深刻反省过了。对于那个员工，本就不是他的责任，我又怎么好意思惩罚他呢？”

松下幸之助的这一言论，很快就传遍了公司上上下下。员工们都为此感动着，他们钦佩松下幸之助不推诿责任、不让员工替他承担错误的风度。松下幸之助的这一做法，既进一步提高了自己在员工心中的威信，又显示出了自己博大的胸襟，同时也给他之下的管理者和员工树立起了一个勇于承担责任、承认错误的好榜样，增进了松下公司员工的团结和凝聚力。

关于领导者承认错误的重要性，《左传》中就有“禹、汤罪己，其兴也勃焉；桀、纣罪人，其亡也忽焉”。对此，管理者要有充分认识，克服心理上的障碍，该认错时就认错。

☆ 心怀空杯，取长补短，虚心学习

老子在《道德经》第六十六章中说：“江海所以能为百谷王者，以其善下之，故能为百谷王。”其意思就是说，江海之所以伟大，是因为身处低下，汲取了源源不断的河流和小溪。其实，领导者更是如此，要想在事业上取得辉煌，关键是要怀有空杯心理，虚心学习，不断增加自己的知识和提升自己的能力，如此才能在工作中跟上时代的步伐和节奏。

空杯心态，并不是肤浅地扔掉平生所学，而是要学会取长补短，懂得不断地学习。现实中，有些领导在下属面前总喜欢呈现出一种高高在上的优越感，认为自己无所不知、无所不能。如此，领导者的心态必然很难和下属放在同一个平行线上，更难虚心地向下属学习，共同进步。这样的领导，往往会看不起能力低的下属，容不下能力高的下属，更看不到能力超过自己的下属。这些都是领导者缺乏自身修养，不懂得修身的表现。这是很危险的，盲目自大会使领导者被眼前的成绩所蒙蔽，不能放下自己的身段，以一种低姿态来审视自己取得的成功。这样，领导者很难在激烈的市场竞争中取胜。

那么，领导者怎样才能做到真正的融入下属，虚心地汲取下属的优点，为我所用呢？关键是领导者要以一种低姿态的方式，坚持不懈地努力学习。

郑板桥曾说："虚心竹有低头叶，傲骨梅无仰面花。"领导者在待人接物时，首先要学会放下身段，把自己放低，摆正自己的态度，才能虚心学习，容纳一切。释家学者法明一语点破禅机的故事，便是对领导者低调做人处事的最佳诠释。

一个失望的年轻人，千里迢迢来到法门寺，对释家学者法明说："我一心一意要学丹青，但至今仍没能找到一个能令我满意的老师。"

法明笑笑，问："你走南闯北十几年，真没能找到一个自己的老师吗？”

年轻人深深叹了口气说：“许多人都是徒有虚名啊，我见过他们的画，有的画技甚至不如我呢！”

法明听了，淡淡一笑说：“我虽然不懂丹青，但也颇爱收集一些名家精品。既然施主的画技不比那些名家逊色，就烦请施主为老僧留下一幅墨宝吧。”说着，便吩咐一个小和尚拿了笔墨砚和一沓宣纸。法明说：“我的最大嗜好，就是爱品茗饮茶，尤其喜爱那些造型流畅的古朴茶具。施主可否为我画一个茶杯和一个茶壶？”

年轻人听了说：“这还不容易？”于是调了浓墨，铺开宣纸，寥寥数笔，就画出一个倾斜的水壶和一个造型典雅的茶杯。那水壶的壶嘴正徐徐吐出一脉茶水来，注入茶杯中去。年轻人问法明：“这幅画您满意吗？”

法明微微一笑，摇了摇头。他说道：“你画得确实不错，只是把茶壶和茶杯放错位置了。应该是茶杯在上，茶壶在下呀。”

年轻人听了，笑道：“大师为何如此糊涂？哪有茶壶往茶杯里注水，而茶杯在上茶壶在下的？”

法明听了又微微一笑说：“原来你懂得这个道理啊！你渴望自己的杯子里能注入那些丹青高手的香茗，但你总把自己的杯子放得比那些茶壶还要高，香茗怎么能注入你的杯子里呢？正如江海涧谷把自己放低，才能吸纳融汇百川，成汹涌之势啊。”年轻人听罢，顿时有所领悟。

> 当你迷惑时并不可怜，不知道迷惑才是最可怜的。

故事里的年轻人走南闯北十几年，竟然找不到自己的丹青老师，为何？如果把他所遇到的丹青老师比作茶壶，把他自己比作茶杯，茶杯在茶壶之上，怎么取得茶水。也就是说，他总是以一种高高在上的心态上去寻找丹青老师，在他眼睛里只看到大师们的不足和缺点，根本看不到大师们画丹青的精华所在，没有容纳别人的心态，怎么可能取人之长为我所用。在法明禅师的指点下，青年终于明白了：只有心放低处，才能在心理上接纳、理解和尊重别人，才更易发现别人的优点，以此来弥补自己的缺点。作为领导者更需如此，要放下自己高高在上的身段，心才会处于低处，才会看到万物的精华所在，最终汇集和汲取精华，并将其浓缩在自己身上。这样的领导者无论在哪里，都会自然的散发出耀眼的光芒，成为万众瞩目的焦点。

两千多年前，大教育家孔子说过："三人行，必有我师焉。"说的是人人都有可学习之处。作为领导者更要虚心学习，不断进步。领导者放下身段，虚心学习，才能走得更远，进步得更快。放下身段，虚心学习是做领导的一种低调艺术，更是一种物质财富。它不仅能使领导者取得别人的尊敬，而且能够汲取别人之长来寻求自身的发展。领导者的这种财富，会在时间的推移中升值，把精神转化为物质，把物质转化为精神，使领导者名利双赢。

第2章

情绪管理：稳住自己的心境，才能够修己安人

善于稳住心境，懂得控制情绪是显现领导魅力的重要所在。在瞬息万变、高度复杂的知识经济时代，能够有效管理情绪是成功领导者的必备素质。一旦走出情绪的困境，你就拥有了更多选择。

☆ 不显山露水，以神秘感造就权威

如今的世界，表象如潮水般涌来，淹没了人们的生活，这也让“隐”字显得尤为可贵和重要。善于“隐”的人，就如同被收藏在博物馆里的珍宝，人们见而可见，却又知而不知。人们想要对它进一步探索，却被一道玻璃门生生隔开，徒留下致命的吸引力和神秘感。这股神秘的气息，就来源于它的“隐”字，来源于人们想得而又不可得的欲望。

法国军事家戴高乐说：“没有神秘感的将军就没有威望可言。因为人们对他过于熟悉，所以就不会对他生起尊敬之情。而只有那些如同神一般隐居神庙的将领，才会威风凛凛。不管是他的所思所想，还是运筹帷幄，都被人摸不着、猜不透。”同样，对于管理者来说，如果经常出入于员工之中，过多地和员工们接触，也会让你的神秘感丧失，从而让你变成和员工一样普通而又毫无威信的人。

> 小心翼翼地保持一种深藏不露的状态，可以维护你在别人心目中的权威。

心理学家研究表明，一般情况下，管理者如果想要做好工作，要适当的和员工接近，以保持亲密的关系，这样就可以得到员工的尊重；但是还要注意保持适当的距离，尤其是心理距离，这样一来才可以将神秘感握在自己的手里，提升自己的威慑力，保持住自己的威严。

《三国演义》中的诸葛亮，总是身披八卦衣，手持鹅毛扇，一副运筹帷幄、决胜千里的姿态。传说鹅毛扇是妻子黄氏送给他的。诸葛亮准备出山辅佐刘备，黄氏用其父亲赠给她的一只大鹏的羽毛做了一把扇子，扇柄上画着八阵图，要诸葛亮随身携带，一则不忘夫妻恩爱，二则对行军作战大有裨益，三则告诫他息怒。黄氏对诸葛亮说："你与家父畅谈天下大事的时候，我发现当你说到你的胸怀大志则气宇轩昂；当你说到刘备先生想请你出山就眉飞色舞；但你每一次讲到曹操，就眉头深锁，一讲到孙权，就忧戚于心。大丈夫做事情，一定要沉得住气，我送你这把扇子，就是给你用来遮面的，挡住你的脸。"因此，诸葛亮出山之后，一直身不离八卦衣，手不离鹅毛扇。

诸葛亮妻子的这一做法，就是为了让诸葛亮学会隐藏自己的内心想法，情不外露，不动声色，才可以理智带军，客观待物。

作为一个管理者，你应该把这套心理策略作为自己管理和处世艺术的首选：运用你个人的技巧对一种场合进行权衡。这是一条非常重要的心理谋略。它可以使你充满神秘，显得深沉稳重，腹有良谋；可以使你不断地进步，而又摸不清你前进的轨迹。

不过，这种策略最好不要运用在其他事情上。毕竟，让人随时心生警戒并非什么好事。头脑太聪明、个性太精明的人，通常都很难应付，让对方觉得"这个人不知道有什么企图！"戒备之心油然而生。在普通交际场合中，这种结果不利于我们与别人建立密切关系。

在向下属安排任务时，也应当让你的下属对状况完全了解，并不断提供给他们新的资讯。要下属做什么，必须解释明白，否则不利于他们正确地贯彻执行。

☆ 遇大事不要急于表明态度

你的成功越是出乎于人们的意料，就越能够让人们心悦诚服。如若事情太过于明显，就显得既没用也无趣。遇大事不要急着去表明你的态度，这是一种以“含蓄”而赢得尊重的做法。作为一个管理者，你的位置已经重要到能够引起员工们的期待心理，那么这一做法就显得更加重要了。

心理研究表明，人的心理是非常微妙的，你越是大事张扬、暴跳如雷，下属就越不怕你；相反你越是默不作声、含而不露，下属就越是对你更加尊重。

在实际工作中，有很多管理者都会不自觉地在下属面前要一要威风，大事张扬，以此来彰显他是个领导。实际上这是一种很不明智的做法。

汤姆是一家公司的经理，脾气相当暴躁，经常在办公室大发雷霆，动辄扬言要把某某开掉，一开始大家都挺害怕，做事便都很小心谨慎。但后来大家渐渐发现发脾气只不过是他的“日常工作习惯”而已，并不能产生什么实质性的变革，于是大家便继续我行我素。汤姆看到这种没把他放在眼里的情形，便恼羞成怒发更大的脾气。就这样，大家渐渐地都已经习以为常了，感觉这位经理发一发脾气只不过是为了彰显他的地位，并没有实质的意义。哪一天他不发脾气了，大家反倒感觉很奇怪。

许多管理者错误地认为，搞管理就要对下属吆五喝六，指挥周围的人，否则管理就失去了乐趣。随着时代的进步，这种高压式的管理方式已经逐渐被淘汰了。下属已不再是用来赚钱的工具。现代管理理论更注重加入一些人性化的东西。对下属大发雷霆并不是什么好办法，有时不急于表态，可以起到“此时无声胜有声”的作用。

此外，每个人都有自尊心，成年后更是将面子看得比什么都重要。当你训斥下属时，也许你的大发雷霆只是想劝导他一番，并无他意。但是无形中却伤了下属的自尊心，让他们觉得颜面挂不住，从而产生了逆反心理，那你的大发雷霆岂不是得不偿失？

所以，在下属犯错时保持一个沉默的空间，让下属有时间冷静地想想自己的所作所为，相信这更是一种对当事人的威慑。一方面，下属会感谢你为他们保留了颜面，另一方面也显示出了你宽广的胸怀。你的暂不发作并非是对错误的迁就，而是留给了对方一个自省的余地，这样做要比急于大发雷霆好得多。

☆ 自控可以化解危机，纵容便会迈入雷池

每个人的内心都有这样的呐喊：想哭的时候哭，想笑的时候笑，很易做到的事情，但想撒欢的时候撒欢……率性而为，随心所欲。本来这是简简单单很容易做到的事情，但我们却经常会给自己的心理定势，一定要学会控制自己。

“塞得物欲之路，才堪辟道义之门；驰得尘俗之肩，方可挑圣贤之担。”自控力就是要忍得劳苦，懂得嗜欲。虽然这或许会让你远离之前的快乐时光，但请你一定要相信，当这一份自制力在你心中苏醒的时候，你的事业也正在走向成功。

> 即便你要必须说出真相，也不可和盘而出。

一个人在事业上的成就主要取决于他的自控能力，尤其是处于权力场中的管理者，**如果你不能控制自己的情绪，那么你就会被上下左右的人所控制**。事实上，只有那些能够控制自己的人才能避免被他人控制，才能有效控制别人，才能有效地管理别人。

这是古今中外的掌权者用以防范和控制别人的一种重要的心理谋略。所以，历来聪明的当权者一般都喜欢把自己的思想感情隐藏起来，

不让别人窥出自己的底细，这样部下就难以钻空子了，就会对领导产生畏惧感。

具体来说，管理者适当控制自己有下列好处：

1. 避免自己的弱点被利用

要知道，无论是谁，只要稍有智力，便多多少少练就一些察言观色的本事，他们会根据你的喜怒哀乐来调整和你相处的方式，进而顺着你的情绪来为自己谋取利益。这样一来，如果你的情绪表达失当，你的意志也会在不知不觉中被别人掌握。因此，高明的管理者一般都不随便表现这些情绪，以免被人窥破弱点，予人以可乘之机。

2. 情绪自控是做出正确决策的前提

管理者一旦露出了“真情”，就容易为人所看穿，受到影响，而导致做出错误的决策。管理者要做到“喜怒不形于色”，尽量控制个人的感情，而以冷静客观的态度来应付事情，这种性格的人才配做一位领导。

3. 做好工作需要积极情绪的支持

管理者所从事的工作，关系到组织的生存发展，事业的成败兴衰，相关人员的利害得失。如若没有积极情绪的支持是不行的。这就需要你自觉主动地对个人的情绪进行自我控制，创造良好的心境。

4. 情绪自控是建立良好人际关系的基石

良好的人际关系，是管理者贯彻其管理意图，组织指挥各项任务完成的重要外部条件。管理者本人的情绪状态，直接关系到与他相联系的相关人员和组织成员。一个孤僻、冷漠、偏执、自大、暴躁的管理者，其不良情绪必然会影响与他人的正常交往，必然妨碍他与上下级之间顺畅的沟通与团结，更难以建立个人的友谊。而一个乐观、自信、宽厚、幽默的管理者，就容易与相关人员交往，容易获得上下级的支持与帮助。

5. 情绪自控也是增强管理者理智的核心

情绪是有迁移性的，平时我们讲的“爱屋及乌”“惊弓之鸟”“草木皆兵”等都是情绪迁移性的表现。这种迁移性，带有强烈的感情色彩，具有主观性。如某些管理者工作中受到挫折，心里郁闷，就会情不自禁地要脾气、发怨气，因而影响了团结，造成工作上的被动。因此，管理者必须对自己的情绪进行控制。这种自控反映了管理者个人的修养和心理水平的成熟程度，表现了其理智水平的高低。

6. 情绪自控是安定军心的重要方法

当你的组织遭遇困难时，如果你控制不了自己的情绪，露出不安的表情或慌乱的态度，便会影响到全体下属，一旦根基动摇，就会带来崩溃。如果保持若无其事的冷静与沉稳，则能稳定军心。

7. 情绪自控也会使你在对外谈判中显得从容镇定

如果把持不住露出自己的真实情绪，如同自掀底牌一般，容易被对方控制，而屈居下风。

虽然说喜怒哀乐是人的基本情绪，但作为一名管理者，要想少犯错误，必须时刻保持理性的头脑，注意控制自己的情绪，做到喜怒不行于色。只有学会控制自己，才会从容应对一切。

☆ 负面情绪像病毒，泄露出来就会传染

每个人的身体里都装有一个情绪水库，这个水库中，既有积极的情绪，也有消极的、负面的情绪。水库里积极情绪居多时，水面一片平静祥和；而当消极情绪出现时，水面则会波涛汹涌，并且水位会不断地上升，直到触碰警戒线。个体也会因为情绪波动过大而无法控制的情况，进而使得脾气暴躁，并将这种坏情绪转移到外物上；而当这种情绪积累到一定程度时，甚至还会出现心理方面的问题。

而在心理学上有一个“情绪转移定律”，负面情绪具有很强的传染性，而且传染的速度非常快。当自己对某一对象的愤怒，由于某种原因无法直接向对象发泄时，会将这种情绪转移到比自己级别更低的对象身上，从而化解心理焦虑，缓解心理压力。

> 如果你很爱发脾气，你就会认为别人常惹你生气，每一件事都可能变成你愤怒的理由。

美国洛杉矶大学的著名心理学教授加利·斯梅尔，曾经做过这样一个实验：

他要求那些原本乐观开朗且情绪不错的人，分别与那些情绪低

落、坏情绪无法宣泄的人在一个房间共处半个小时。结果半个小时过后，他发现原本情绪不错的那些人也会变得心情十分低落。随后，斯梅尔又缩短了这两类人的相处时间，最后得到了结论是：负面情绪就像是细菌病毒一般有很强的传染性，而且传染速度很快。只需要20分钟，一个人的不良情绪就会在不知不觉之中传染给周围的人。

同样，如果一个管理者有了负面情绪，他不仅仅会影响到你自身的工作，而且还有很大可能会把这种情绪传递到员工身上，影响员工的工作。那整个公司还不是一片乌烟瘴气？

因此，作为一名优秀的管理者，一定要学会控制自己的负面情绪，将这种情绪压制在自己自身范围内。虽然情绪和性格有很大的关系，但并不是不可改变的。只要我们常常提醒自己注意去克制，就完全可能让自己远离情绪的旋涡，从而得当地处理好事务和人际关系。以下几点值得我们参考：

1. 不要带着情绪去上班

无论我们在自己的生活中碰上了什么不如意的事，即使是身陷苦海，也不要把情绪带到办公室里去。而要将它弃掷于门外，进入正常的工作状态，以公事公办为原则，做好自己的工作。

2. 学会冷却自己的情绪

假如你在上班时意识到自己情绪不好，就要爆发出来时，一定要告诫自己千万不可失控，而要想法子冷却自己的情绪，暂时将它们放在一边，先去处理手头的公事，或者上洗手间或其他地方待理智占了上风能冷却自己的情绪时再返回。然后再做分析，找出解决问题的办法。即使是遇到令人生气的事，也不要让自己当场发作，切勿向员工大发脾气。

3. 把焦点集中在解决问题的办法上

一旦遇到会让你生气，引发情绪波动的事情时，不要把焦点放在谁是谁非上面，也不要以为发发脾气就能了事，更没必要为此耿耿于怀，这样只会使自己的情绪变得更为糟糕，无济于事。最好的办法是把焦点放在解决问题上面，就事论事，别的只是枝节问题。争取经过你的努力使问题得到妥善的解决，这样更有助于消除负面的影响。

4. 激励自我，主动培养坚韧的意志

人的一生无论在工作中还是在生活上都会遇到很多的困难和挫折，如果不去正确地面对，及时从困难和挫折的痛苦中解脱出来，就会影响自己的身心健康和个人的前途，有时还会走上绝路。管理者在受到挫折后要想得开，能够用自己的人生目标去激励自己，主动培养坚韧的意志，以乐观积极的态度去克服困难，摆脱挫折。这样，自己的心情就会逐渐平静下来。

5. 合理地发泄情绪

它是排解不良情绪的一种积极的方式。它要求在适当的场合、用恰当的方式来解除心中消极的情绪。你可以找个没人的地方大喊大叫或大哭一场，使自己的愤怒或悲痛的情绪得到释放；也可以向亲戚、朋友倾诉；还可以高声放歌……方法不一而足，其目的只有一个：使郁积已久的怒气和其他不愉快的情绪得到充分的发泄，从而改变内心消极的情绪状态。

☆ 心气平稳，别让脾气冒出来

管好自己的脾气是良好自控力的重要表现，也是做领导的一个重要内涵。人的一切心理活动，都带有一定的感情色彩，而脾气则是一个人情绪达到一定程度的释放。情绪有三种基本状态：一是心境。心境是一种具有渲染性的，比较微弱而又有持久性的情绪状态。如“人逢喜事精神爽”。二是激情。激情是由于生活中有重大意义的事件所引起的一种强烈而又短暂的情绪反应。三是应激。应激是指在遇到急性强烈的刺激或逐渐加大的慢性刺激以后人的反应和适应情况。然而一旦这三种状态的任何一种出现变化，情绪就会“冒”出来，随之脾气就可能爆发出来。不论人发脾气的原因多么合情合理，也总会有负面影响，是会伤人的。作为领导者，就更应该注意自己的脾气。如果领导者把脾气的负面影响带进工作中来，便会使下属不知所措，最终造成误解和隔阂。一个喜欢发脾气、喜怒无常的领导者，远比无能的领导者更容易招致失败，这也是领导者缺乏自身修养的表现。

一个领导者，如果总是感情战胜理性，脾气代替权力，下属会认为他是一个很幼稚、肤浅、愚蠢、不称职的领导。**富兰克林曾说，事情常常从愤怒开始，以羞辱结束。一个领导者在怒火冲天的时候，是很难做出理性的判断，采取明智的行动的。**人的脾气就好似一面湖水，波浪起伏的时候，无法清晰地映出任何景色，但是静止不动的时候，就犹如一面镜子，不但能映出周围的山峦树木，甚至连天上的浮云也能看得一清二楚。保持心境如水，领导者才能清楚地洞察周围形势的变化，随时做出敏锐的反应，以静制胜。领导者这种低调修养，会使他时刻避免脾气“冒”出来，从而踏平坎坷，消除灾祸，转败为胜。如果领导者脾气暴躁，自制力差，不仅心澜难平，无法看清面临的问题而迷失自己，同时也可能因此而受人利用，给敌人以可乘之机。在历史上，管理不好自己的脾气而导致失败的人不在少数，其中拿破仑的失败就是一个很典型的例子。

1809年，拿破仑因为刚接到间谍的一份密报——外交大臣塔里兰正在密谋反对他，便匆忙从西班牙战事中抽身赶回巴黎。一抵达巴黎，他立即召集所有大臣开会。会上，他心神不宁，坐立不安，含沙射影地点明塔里兰的密谋，但塔里兰却安然坐在椅子上，没有丝毫反应。塔里兰对拿破仑易发怒的这个缺点非常了解，他这样做正是为了激起拿破仑的怒气，使他情绪失控，让他在大臣们面前失态，失去作为一个领导的权威。

这时候，拿破仑控制不住自己的情绪，忽然逼近塔里兰说：“有些大臣恨不得我死掉！”但塔里兰依然不动声色，只是满脸疑惑地看着他。塔里兰的反应激怒了拿破仑，拿破仑终于忍无可忍了，他冲着塔里兰咆哮：“我赏赐你无数的财富，给你煊赫的地位，你竟然如此背叛我！你这个忘恩负义的东西，你什么都不是，只不过是穿着丝袜的一坨臭狗屎！”说完他愤愤地转身离去了。

其他大臣面面相觑，不知所以，他们从来没有见过拿破仑这样怒气冲天。会议室里大臣们窃窃私语，讨论拿破仑为何如此失态。塔里兰依然一副泰然自若的样子，他慢慢地站起来，转过身对其他大臣说：

“真遗憾，各位绅士，如此伟大的人物竟然这样没礼貌。”

皇帝的失态和塔里兰的镇静自若像瘟疫一样在人们中间传播开来，拿破仑的威望逐渐降低了，公众的舆论开始支持塔里兰。

拿破仑在压力下失去冷静，任由脾气爆发，人们开始感到他已经走下坡路了。如同塔里兰事后预言：“这是结束的开端。”

越是在危急关头，领导者越要保持冷静。如果领导者像拿破仑那样，听到有关违反自己领导的消息时，不去核实错对、调查真假，而是暴跳如雷，情绪失常，甚至歇斯底里不管三七二十一，刹那间就爆发怒火，将满腹怒气发泄出来，那么，领导者自己精神不愉快，而且也得不到下属的好感。这种只图一时心里痛快，不计后果的领导者，最终也只能像拿破仑一样招致失败。作为一个领导者，无论何时都要学会控制自己的脾气，当对生活的失败大发脾气的时候，也就失去了原有的沉稳和坚毅，就容易迷失自己。

控制好情绪，别让脾气“冒”出来是低调做领导的一种必备心理素质。任何一名善于控局的领导，都深知控制自己脾气的重要性。领导者慎重于一言一行，遇事时不要大发雷霆，保持冷静和理性，才能不被易爆的脾气所驱使，才能在危急关头力挽狂澜，稳住局面，从而更好地带领团队突破向前。

第3章

识人有方：透过现象看本质，读懂心理了解人

识人，就是要了解一个人，洞悉一个人，摸透其脾性，掌握其德行，知道其才识。这是一个复杂的心理过程，要求管理者必须学会读懂人的心理，即透过现象看本质。

☆ 不要让第一印象迷惑了你的心

诸多心理学研究证明，外界信息输入大脑时的顺序，在决定认知效果的作用上是不容忽视的。最先输入的信息作用最大，大脑处理信息的这种特点是形成首因效应的内在原因。当不同的信息结合在一起的时候，人们总是倾向于重视前面的信息。即使人们同样重视了后面的信息，也会认为后面的信息是非本质的、偶然的，人们习惯于按照前面的信息解释后面的信息，即使后面的信息与前面的信息不一致，也会屈从于前面的信息，以形成了对外物的第一印象。

阿尔斯是一个针对管理阶层的培训员，他曾经讲过这么一个故事：

刚到这座城市的时候，阿尔斯租了一座带有花园的大房子。阿尔斯搬进去之后，便把园子里的一些杂草之类的垃圾清除干净，并栽上自己新买来的花卉。

有一天，房东前来拜访，并询问他的居住情况。阿尔斯说："非常好，我还把园子重新收拾了一下，打造成自己喜欢的风格。对于这一点，希望您不要介意。"房东往门外看了一眼，立刻大声呼叫道："哦，天哪，原先那些花都被你清除了吗？那可是非常名贵的花，要比你现在栽种的贵重十倍。"

直到那时，阿尔斯才知道自己做了一件多么愚蠢的举动，他错把名贵的花当成了毫无价值的杂草，从自己的花园里一并清除了。

后来，阿尔斯便经常用这件事情去引导管理者：公司就如同这么一个大花园，每一位员工都是非常珍贵的花。只是，这些花不可能四季开花，也不可能月月繁盛。作为管理者，你们万不可凭借着对他们的第一印象，就对他们乱下结论，而是应该耐心去观察，才能够认清、辨清。毕竟，**不管奶牛是什么颜色，它们产出的奶都是白色的**。

作为一个管理者，在识人选人的过程中，不可以凭自己的理解对别人形成第一印象。然而，“画虎画皮难画骨，知人知面不知心。”要真正认识一个人并非那么容易。管理者在识人选人时如果过于依赖第一印象，就会步入心理误区，甚至会将杂草留下而剔除掉了名贵的花。

> 仅凭第一印象就妄加判断，往往会带来不可弥补的错误。

所以，第一印象具有先入性、不稳定性、误导性，根据第一印象来评价一个人往往失之偏颇，被某些表面现象蒙蔽。

当然，第一印象也非常重要，这一点无可厚非。也正因为如此，应聘者必然竭尽全力去打造良好的第一印象。但是，第一印象也许具有欺骗性。因此，我们在识人时，应该全面地看人，不能顾头不顾尾，不能用最初的印象来左右对人的客观评价。否则，本想借人才之力来快速发展企业，结果因识人不明，选人不准，而使得公司得不偿失，甚至还会阻碍公司的发展。

在招聘时，不要指望一次面试就能全面了解一个应聘者，应舍得花时间测试每位应聘者，多研究一下他们的应聘材料，了解一下他们有关的背景，充分进行面试，才能更有效地避免被表面迷惑。你可以带上你所挑中的候选人员去参观一下企业，观察他们对企业感兴趣的程度，询问他们一些问题，让他们讲一下自己所做的事情，并表述一下自己，尽力发现他们擅长什么，他们是否真正适合你的工作，他们具有什么工作技能，你是否容易训练和改变他们。这样，才有利于发现最合适的人。

☆ 选才不是选美，切忌以貌取人

相貌对人的心理的影响是很突出的。美国心理学家丹尼尔麦克尼尔曾提出著名的“美即好效应”，指出人们面对一个外表英俊漂亮的人，很容易误认为他的其他方面也很不错。虽然有句话为“相由心生”，但还有一句话说：“人不可貌相，海水不可斗量。”长相虽然在一定程度上能够表现出这个人的性格和内心，但这仅仅是观察人的一小部分，并不能以偏概全，以相貌说明一切。

> 大多数人反对别人以貌取人，但自己却做着大多数人反对的事。

古代大教育家孔子，曾经因为宰予的花言巧语而对他心生喜欢，但时间久了才发现他是一个极其懒惰之人；他的另一个弟子子羽，相貌丑陋，孔子并不看好他，可最后他却成了一个贤人，享誉各国。所以孔子曾经说过："吾以言取人，失之宰予，以貌取人，失之子羽。"

所以，长得漂亮并不意味着其他方面也优秀，虽然有些人确实在很多方面都很优秀，但现实中这种人毕竟不多，更多的是有所专长但在许多方面都很平庸。作为一个管理者，万不可以貌取人，否则将会带来巨大的损失。

三国时期，张松是刘璋的手下，见识通达，头脑灵活，因刘璋无能懦弱，他便带着一张四川的军事地图，前去投靠曹操。

张松这个人相貌丑陋，暴牙尖头，很不出众。曹操一见到他，便心生厌恶，态度也非常傲慢，认为他只是一个哗众取宠的小丑角罢了。张松见曹操竟然是这种以貌取人的人，便带着这张军事地图愤然离去，转而投身到刘备的帐下。

刘备礼贤下士，待人宽厚，得到了张松献上的军事地图，如虎添翼。而曹操却因为以貌取人而使得自己的宏图霸业无法实现，铸就了大错。

三国的刘劭在《人物志》中提及鉴别人才的难处，在于"二尤"——尤妙和尤虚。尤妙指的是有着出众才华而其貌不扬之人，尤虚指的是有着出众外表却华而不实的人。张松便位于这尤妙之列。可惜曹操没有识人的本事，生生错过了霸业时机。

所以，我们在识人时，应该看到美好的一面。**作为一个管理者，要真正识人，就需要对个人进行全方位的审察，看其与外貌相对的其**

他因素。

战国时候，有一次哲学家杨朱和弟子来到宋国边境。天气很热，他们找到了一家小客栈休息。不久弟子发现，店主的两个老婆长相与身份地位相差极大：一个长相一般的在柜台上掌管钱财进出，而一个长得很美的却干着洗碗拖地的杂活。弟子很困惑，就忍不住问店主人是什么原因。主人回答说："长得漂亮的自以为漂亮，不听管束，举止傲慢，可是我却不认为她漂亮，所以我让她干粗活；另一个认为自己不美丽，凡事都很谦虚，我却不认为她丑，所以就让她管钱财。"

在企业里，有多少管理者能像这位客栈的老板一样公允分明地选人用人呢？

所以，通过相貌来了解人，只是识人的一种辅助手段，可以在一定程度上了解一个人，但不能完全彻底地了解一个人，更不能据此肯定或否定一个人。如果把相貌绝对化，把识人变成以貌取人，就会流于片面，以偏概全，陷入"一叶障目，不见泰山"的误区，从而导致识人错误。

现代管理者应该明白，选人不是选美，不能以貌取人，而应以德取人、以才取人，以免错认蠢材为人才，错将人才当废材。

☆ 不要以自己的标准知觉他人

在人际交往中，人们通常会倾向于将自己的特点强加在别人的身上，以此来形成对这个人的印象。比如，一个心胸狭隘的人，总会认为别人对他心生嫉恨；一个心胸宽大的人，也总会认为他人不会斤斤计较……当他人的行为观点和自己出现偏差时，人们就喜欢依照自己的样子来塑造他人，而非是依照现实来知觉他人。这一行为在心理学中称之为投射效应，属于一种比较严重的心理认知偏差。

“以小人之心度君子之腹”就是一种典型的投射效应。

宋代著名学者苏东坡和佛印和尚是好朋友。一天，苏东坡去拜访佛印，与佛印相对而坐，苏东坡对佛印开玩笑说：“我看见你是一堆狗屎。”而佛印则微笑着说：“我看你是一尊金佛。”苏东坡觉得自己占了便宜，很是得意。回家以后，苏东坡向妹妹提起这件事，苏小妹说：“哥哥你错了。佛家说‘佛心自现’，你看别人是什么，就表示你看自己是什么。”

> 你把别人看成什么人，往往意味着你就是那样的人。

一般来说，投射效应的表现形式主要有两种：

一是感情投射。即认为别人的好恶与自己相同，把他人的特性硬纳入自己既定的框框中，按照自己的思维方式加以理解。比如，自己喜欢某一事物，跟他人谈论的话题总是离不开这件事，不管别人是不是感兴趣、能不能听进去。引不起别人共鸣，就认为是别人不给面子，或不理解自己。

二是认知缺乏客观性。比如，有的人对自己喜欢的人或事越来越喜欢，越看优点越多；对自己不喜欢的人或事越来越讨厌，越看缺点越多。因而表现出过分地赞扬和吹捧自己喜欢的人或事，过分地指责甚至中伤自己所厌恶的人或事。这种认为自己喜欢的人或事是美好的，自己讨厌的人或事是丑恶的，并且把自己的感情投射到这些人或事上进行美化或丑化的心理倾向，失去了认知的客观性。

招聘员工时，如果管理者受到“投射效应”的影响，往往招聘到的不是适合组织文化的员工，而是与管理者的爱好、价值观类同的人员。如果被面试者与管理者爱好相同、有着类似的情感经历、对于某一件事情秉持着同样的看法，相较其他面试人员，管理者更易于把可以让自己产生共鸣的面试者招聘到公司内部。然而对于公司而言，针对职务的具体要求，这个人未必是最优的选择。

“投射效应”使管理者的招聘活动建立在个人的偏好上，使人员招聘偏离了组织的目标，一些更胜任的员工被阻隔在了组织之外，同时还造成了公司员工的高度同质化，不利于团队合作中的性格互补。

当然，“投射效应”对于人员招聘也有有利的一面，所谓“英雄惺惺相惜”，由于“投射效应”的影响，管理者更易于把与自己有共同愿望的人员招聘到企业，从而产生强大的向心力。

那么，我们在识人选人时应该如何避免以己度人呢？不妨从下面这三点做起：

1. 变个角度，换个思维

通过思考，我们才不致被其外在的行为表现所蒙蔽或误导，而错误地以自己的想法投射他人。因此，当你对他人做出某种结论的时候，不妨换个思维想想，考虑一下这个结论是否受到了自己经验或思维的某种干扰。

2. 设身处地，具有同理心

不要总站在自己的角度去看别人，而应该有一颗理解他人的心。从他人的角度看问题，便能避免在判断别人时，只单方面地将自己的特性、喜好投射给别人，认为他人具有与我们相同的特性与喜好。

3. 真诚沟通，全面了解

以真诚沟通代替猜疑和假想，用客观的了解代替主观的认知，才能了解事实的真相。

☆ 注重个性化差异，不要给员工定型

人们在评判他人时，往往喜欢把他看成是某一类人中的一员，从而很容易认为他具有这一类人所具有的共同特征，并就此给这个员工定了型。这种心理现象可以用刻板效应来解释。刻板效应，又称定型效应，是指人们用刻印在自己头脑中的关于某人、某一类人的固定印

象，以此固定印象作为判断和评价人依据的心理现象。

比如，在生活中，很多人认为：常说笑话的人就乐观豁达；不修边幅的人就不在乎别人的想法；女人总比男人更会养育子女、照料他人，而且温柔顺从；戴眼镜的人智力较高；教授都有点古怪……这些都是受了刻板效应的影响。

其实事实并不是这样，每个员工都有个性差异的存在，在同一件事情面前，他们给予的行为反应也会有所不同。在管理员工的过程中，了解员工的个性差异，才能够提高管理者的管理水平。个性心理学家麦迪认为："个性对人的心理和行为的普遍性，和差异性的稳定倾向有着决定性的作用。"

> 即便是名人总结出来的名言，也并非是真理，他们所说的只是在特定背景下所传达出来的特定观点，旁人便不可以生搬硬套。

所以，当你遇见常说笑话的人、不修边幅的人、戴眼镜的人或者教授模样的人时，你会发现他们并不像你想象的那样。有些常说笑话的人也很内向，不修边幅的人也有点小心眼，有些女人反而不如男人会照顾孩子，戴眼镜的人也很笨，教授其实也很浪漫……

诚然，"物以类聚，人以群分"，居住在同一个地区、从事同一种职业、属于同一个种族的人总会有一些共同的特征；但是，"人心不同，各如其面"，刻板效应毕竟只是一种概括而笼统的看法，并不能代替活生生的个体，因而以偏概全的错误总是在所难免。如果不明白这一点，在识人选人时，用固化的行为模式套用每一个人，像削足适履的郑人，宁可相信作为尺寸的刻板印象，也不相信自己的切身体验，最后因不合理的生搬硬套，而伤了自己。

刻板效应是一种由于信息获取不够透彻才导致的情况，因此，它对人们的影响大体是负面的。刻板效应是一种简单的套用和概括，往往没有可靠的依据，是对于信息的不完全获取，而不完全的信息会导致我们对事物的认知有缺陷，被套用刻板印象的对象，其实际情况完全有可能与刻板印象相反。

因此，作为管理者，应时刻注意刻板效应的消极影响，不可对人乱下断语，而要多方位、多层次着手，对事物和人的多方面特征加以观察和研究，多方听取意见，尽量掌握实际情况，不主观臆断，不刻板定型。

☆ 新员工更容易塑造

不少管理者在招聘的时候，热衷于有经验的人，认为“姜是老的辣”、“老将出马，一个顶俩”，不重视人的实际品行和才能，把徒有其表的经验和辈分看得很重要。

经验能让人明白下次遇到同样的事情该怎么办，也就是说，经验能在一定程度上避免老错误；然而，一切事物都是发展变化的，也可能有意外发生，所以人类不可能用经验避免所有的错误，必然还会犯新的错误。如果过分依赖经验，囿于成见之中，不仅不利于创新，还会产生负迁移，在处理新事物或意外情况时会犯下新错误。

信息革命和时代变革使我们进入了一个全新的时代。世界瞬息万变，旧有的经验变得陈旧，不断涌现新的挑战使得应变能力已经超越经验。

富有经验的人，常常思维展不开，囿于许多的成见之中，沿用旧的办法照搬以前的经验并形成一种惯性，在经验的指导下，常不愿去尝试他的经验里所没有的东西。

纵观历史上做出伟大成就的人，大多是阅历不多的年轻人，因为他们很少被既有模式所束缚，对新的变化感受也较为敏锐。他们没有经验，但却思维开放活跃，由一个点可以向多个方向触发灵感；他们能不断地思索，不断点燃新的点子。在新经济时代，他们的价值就是用全新的思维迎接新的挑战，引领时代潮流——而不是跟随别人。

“有经验的被赶走，没经验的站住了脚。”这句话是美国最富盛名和最具影响力的商业杂志之一《Fast-Company》的创刊编辑艾伦·韦伯说的。这或许使很多人感到不安，但这是生活中的残酷事实。一些熟悉这一规则的管理者就坚信经验是没多大用处的，他们在招聘过程中体现了自己的这种观点。

甚至有些企业招人原则是要没有经验的，而且要求个性中具备冲击性。他们认为经验不重要，重要的是你去不去做，只要你勤快，没有做不了的事。如果公司的策略对了，结合公司的系统培训，在一张白纸上更容易画出美丽的图案。

一方面我们在选人时不能过于看重应聘者的经验，另一方面，也提醒我们不能过于迷恋自己的老经验，否则，很容易在竞争中被淘汰。

在市场中这样的例子不少：原本各项基础管理、经营拓展做得很出色的企业，一些管理经验方法甚至被推广。但是，随着企业规模扩大、人员增多、竞争加剧、客观环境变化等因素，会由先进步入落后序列。究其原因，是企业的管理者迷恋老方法、老经验，认为自己就是由此起家的，是自己的看家本领。

故步自封，不学习借鉴别人的东西，凭个人的主观经验来指导工作，甚至失败了还不总结教训，将会影响企业发展。当市场变化时，如果不能及时调整工作方法、思路，仍坚持既有的老经验来经营企业，跟不上市场瞬息万变的步伐，不愿创新和不能创新，企业走下坡路自然在所难免。

应当说，**丰富的经验是一种财富，用好的经验抓工作本无可厚非，关键是不能无视变化，不能总是用老眼光、老路子、老办法去解决发展中遇到的困难和问题，把它当做解决一切问题的“百宝囊”**。

同样，作为管理者，我们要与时俱进，在选人方面，不可过于看重经验，不要关心他们曾经做过什么，而是应该将目光放在员工的能力和品行上，注重他们的学习能力，是否具有驱动力，是否能够将公司带出预期。

☆ 求远不如求近，盘点公司内部人才

古人说：“千军易得，一将难求。”在现实生活中，很多管理者历尽千辛万苦、艰难跋涉，想要从“千军”中找到一个“大将之才”，他们不惜一切代价去挖掘求取人才的方法，甚至有了一套自己的“求贤论”。只是，他们的求贤方法，大多都热衷于从外引进，而忘记了

从内部发掘。

现实中，很多企业抱怨没有可用的人才，所以不得不去企业外招聘或找猎头公司。他们宁可把时间和金钱浪费到外边，也不愿把目光投向自己的公司。最后花费了很长的周期和很高的成本，也可能没有找到自己所需要的人才，造成了不必要的浪费。而且这也容易导致原有员工心理不平衡，引起一大批老职员的不满，导致其工作积极性下降。

三米之外就是人才。

实际上，每个企业内部都有一些被大材小用或放错位置的人才。《企业上层》的作者罗伯特·汤森说过：“**大多数经营者抱怨缺乏人才，所以到外面招人进来占据关键职位。这是胡说八道！**”更有人说：“**人才就存在于离你三米之外的地方。**”

的确，如果企业的管理者对员工们的技能、经验、期望和抱负有所了解的话，可能就会惊讶地发现，自己的企业里也有很多优秀的人才。

在公司内部提升人才既有利于鼓舞员工们的工作积极性，又可避免高质量的人才外流。内部人才对企业文化熟悉，对工作流程熟悉，人际关系容易协调，这都是现实存在的优势。企业选人一定要务实，把合适的人提升到合适的岗位，这样才能保证各项工作进展顺畅，而不是出现人浮于事，职位与能力不匹配，埋没的埋没，流失的流失，工作开展困难，问题不断。

美国玫琳·凯化妆品公司就一直主张从本公司内部提拔干部。如果公司内部有合适的人选，他们一般不聘请外人来公司任职。

他们的做法是：当一个部门的领导层出现空缺时，该部门的经理向公司人事部门正式提出担任这一职务必须具备的条件，人事部门即在每栋办公楼的布告栏上公布这一消息，公司里的每一个人都可以申请担任这个职务。无论申请者现在干什么工作都没关系。如果有人不喜欢自己现有的工作，认为新职务是个晋升的机会，并认为自己是合格的人选，就可以提出申请。人事部门将同每一名希望得到这个职务的员工面谈，从中择优录取。如果认为申请者都不理想，他们才聘请外人补缺。在多数情况下，补缺的多是公司内部的人。

他们认为这种做法对他们有积极作用。因为这种提升的机会创造了一个良好的工作风气，它激励员工们从长远角度考虑自己同公司的关系。它向刚加入公司的员工表明，他们不会永远待在最底层。它也

使那些在基层工作的员工看到希望，或许几年后他就不用在那个岗位上工作了，除非他自己愿意。无论是仓库里的包装工人、会计部门的职员，还是从事文字处理工作的人员，如果他不喜欢现有的工作，通过学习，都可以在公司内找到其他工作。如果他愿意提高技术，增强对公司运转情况的了解，公司也可以同时给他提供多种不同的工作。

玫琳凯公司的这种做法使人员外流减少到最低限度，他们认为训练两名精通业务的员工要花几个月的时间，如果失去他损失就太大了。并且，这种做法还会产生连锁反应。例如，经理层出现一个空缺后，可能会有十几个人申请补缺。一旦公司选中某人补缺后，又会有另外十几个人要求得到补缺者原先担任的职务。等到这个空缺有人填补后，也许在更低位置上的某人又顶上来。

从玫琳凯公司的经验中可以看出，找出公司里已有的人才，是非常有价值的，他们能做什么？如果有机会他们会怎么做？你如何以此做好组织工作？深入的人才盘点需要投入精力和热情，但这的确值得。这不但为企业减少了从外部招聘人才所需支付的种种费用，而且还对企业内部的所有员工产生激励作用，有利于员工的成长和企业执行力的提高。

第4章

知人善任：用人不用其长，良驹不如劣马

清代学者魏源说：“不知人之短，不知人之长，不知人长中之短，不知人短中之长，则不可以用人。”管理者的重要任务就是知人善任，要认真揣摩人性、克服自身的心理弱点，把人放在合适的位置上，走活人员调配“一盘棋”。

☆ 善用比自己强的员工

很多企业在选人用人时，往往试图寻找各方面都好的完美员工，他们眼中完美员工的形象总是品质、学识、能力、身体、团队适应能力都是一流的。

俗话说：“金无足赤，人无完人。”人总难免有缺陷，每个人都各有各的长处，又各有各的短处，正如太阳也有黑子，月亮也有圆缺，哪怕再精美的玉璧也会有瑕疵一样，任何东西都不可能十全十美。

古往今来，在“求全”用“完人”的美名之下，不知埋没了多少人才，也不知因此而演绎出了多少扼杀人才的悲剧。世上没有完美的人。如果管理者只盯着下属的缺点，不能容忍有缺点的人，那么就只好无人可用了。

> 每个人都喜欢无所不能的人，但他也仅存在于人们的幻想中。

每一个人都有优点与缺点，而且两者往往是相互联系的，就像一对孪生兄弟，有所长就必有所短。

正确的用人之道，是充分发挥一个人长处的优势，避开一个人短处的劣势。知人善任作为一种管理艺术，就要本着“人无完人，金无足赤”的原则，不因为一个人有缺点和过失而使人才失之交臂。只在人群密集的市场聚拢一百人而各取所长，每个人都有一些见识，集中百人的优点就可以成为贤人了；每个人都会有一些优点，集中百人的见识可以决策大计。

麦克·阿瑟将军曾有一段大意如下的名言：用那些中等偏下才能的人，几乎成了军中不谋而合的意图。军中如此，官场如此，企业亦如此。

管理者自己的各种才能不一定全都要胜过部下，但他有一个特殊才能，就是有办法去运用、发挥、调动部下的才能，他也有胸怀容纳比自己强的人。就像刘邦说过的那样："我的智谋比不上张良，管理比不上萧何，指挥军队更比不上韩信。但我能得到这三位人才的辅佐，所以我得到了天下。"

这正是刘邦的高明之处，敢于用比自己强的人，才能做成大事。

然而有一些管理者却没有刘邦这样的思想，他们或出于私心，不敢起用能力、学识在自己之上的人，反而对那些庸才另眼看待，或者他们常常高估自己的能力，甚至心怀妒忌，如一个笑话中讲的：武大郎开店——个头比他高的一个都不要。这样，他只能开一个"侏儒店"。

作为企业的管理者，掌握着一定的社会财富和权力，在长期实践中已经形成了那种以自我为中心的心理习惯，所以，要用比自己更好的人，说起来容易，真正去做的时候，确实是比较难的。但是，如果管理者能勇敢地克服心理障碍，敢于用比自己强的人，将能使企业获得更大的发展，也会让自己的形象更加高大。

☆ 适才适用，才能人尽其才

有些管理者总是抱怨公司里能人太少，恨不得想使自己的部下全部变成能杀能闯的猛将。他们却忽略了，尽管每个人都会犯错，都有缺点，但每个人也都有他的长处，只要能很好地掌握他们的特点，把他们放到最能发挥其作用的位置上，就能实现人尽其才，物尽其用。

《寓林折枝》里有这么一个故事：

有个叫猗于皋的人听说尾勺氏养了一只豹子，非常擅长捕猎，不禁十分羡慕。他想，要是我也能有一只豹子来帮自己捕捉动物，那该有多好！于是，他不惜用一对上好的白璧换到了豹子。

猗于皋对豹子宠爱有加，他每天喂它吃新鲜的家畜肉，给它系着饰有美丽纹彩的丝绸，就连它脖子上套的绳子都是镀金的。猗于皋常常一边抚摸着豹子的脑袋喂东西给它吃，一边自言自语地说：“豹子啊豹子，我如此厚待你，你可不要辜负了我的希望啊，哪一天，你才能对我有所回报呢？”

> 管理的根本目的，是促使工作顺利开展。而理顺任务与人员的关系正是这一目的最有效保证。

有一天，猗于皋看见一只大老鼠从屋檐下溜过，他想机会来了，急忙解开那只豹，让它去捉老鼠。而豹子却像没有看到老鼠一样，无动于衷，猗于皋气得将豹子责骂了一顿。

不久，又一只老鼠经过，猗于皋又放豹子去捉，豹子还是无动于衷。

猗于皋愤怒了，用鞭子狠抽了豹子一顿，并将它关进栅栏里，每天只喂些剩饭剩菜，以前的贵族级的待遇全部取消。

猗于皋的朋友安期子佗听说了这件事，对他说："我听说巨闲宝剑虽然锋利，如果用来补鞋，却不如一个小小的锥子；锦绣绸缎虽然华丽，如果用来洗脸，却不如一尺粗布；豹子虽然凶猛，却不如猫那样能捕鼠。你为什么不用猫去捕鼠呢？"

猗于皋恍然大悟，便找来猫去捕鼠，放豹子去捕野兽，不久，猫把老鼠都捉光了，豹子也捕获了无数的獐子、鹿、狍子、麂子等。

兽类固然善于捕捉，但也是各有所能，用人也是如此。要讲究适才适用，才能人尽其才，物尽其用。大家都知道诸葛亮，文韬武略，计谋无穷，但如果让他出去与敌军肉搏，恐怕生还的可能性不大。

用物、用人，在于得当；使用不当，埋没了宝物、人才，还收不到应有的效果。

所以，管理人员在使用人才时，应根据人的不同情况而分配不同的工作。而不是把他安排在一个错误的位置上，埋没他的才干。

总的来说，做出有效的人员配置有以下几个重要步骤：

1. 仔细考虑任命的核心问题

任命之前，起码要先搞清楚任命的原因和目标，并物色适合的人选。当然，你要有相当的人才储备以供挑选。正式的合格者是考虑对象中的极少数，如果没有一定数目的考虑对象，那选择的范围就小，确定适宜的人选难度就大。要做出有效的人员配置，管理者就至少应着眼于3至5名合格的候选人。

2. 以寻找候选人的长处为出发点

候选人能做什么，长处何在，是否与目标相切合是关键。核心的问题是“每个人所拥有的长处是什么？这些长处是否适合于这项任命？”短处是一种局限，它当然可以将候选人排除出去。例如，某人干技术工作可能是一把好手，但任命所需的人选首先必须具有建立团队的能力，如果这种能力正是他所缺乏的，那么，他就不是合适的人选。

3. 把广泛的讨论作为任用程序中一个正式的步骤

一位管理者的独自判断是不可取的。我们每个人都会有第一印象，有偏见，有亲疏好恶。所以我们需要倾听别人的看法。

总之，一个企业是由各色各样的人组成的，他们都有自己的看家本领。身为管理者要记住，给他们能真正发挥自己特长的舞台，这才能使其内在的潜力得到充分的发挥。就像让猫去捕捉老鼠，让豹子去捕野兽，结果自然是皆大欢喜。

☆ 把员工放在他们感兴趣的位置上

管理过程中之所以有不当的工作分配，一方面或许由于管理者对员工的了解不够；另一方面，组织中许多工作分配，都以现有的空缺和员工是否能立刻称职为依据。像这种不考虑人员特性和兴趣，而随机分配的做法，非常容易出现混乱的现象：公司里的人才不少，但工作却缺乏成效。

人类有一种共同的心理反应：**如果对自己所做的事情没有兴趣，他就会觉得这件事不值得做，或者不值得去花费精力和时间做好，那么最终他就确实做不好**。这在心理学中，被称之为“不值得定律”。

不值得定律说的是：不值得做的事情，就不值得做好。这个定律反映出人们的一种心理，一个人如果从事的是一份自认为不值得的事情，往往会持冷嘲热讽、敷衍了事的态度。不仅做好的概率小，即使做好了，也不会觉得有多大的成就感。

因此，管理者要想合理使用人才，调动人才的积极性，就要尽可能让员工做他感兴趣的事。

美国皇冠牌瓶盖公司在多年的经营中一直不景气，柯纳利任总经理后，以其简单化的经营理念使这家“老树昏鸦”般的大公司重现生机。

公司存在一些意志消沉、懒散的员工，多年来一直如此。柯纳利在上班的第一天就看到，在公司的守卫室内，一群守卫人员正在玩扑克。在公司的其他部门，甚至生产部门中，消极散漫、不尽职责的现象也随处可见。

柯纳利认为，这些员工未必是真正懒惰，而是找不到继续干的理由，他们看不到自己的工作价值，并且感到自己的能力被埋没，不能发挥出来。“想干”的精神状态是可以培养出来的。如果有恰当的方法，是能让员工“想干”的。为了鼓励员工的工作热情，就要改变员工的工作，为他们换一个“想干”的位置。

如果两个力是同一方向则会迅速前进，但稍有一个力的方向不同，就会导致原来方向的偏颇。

根据员工的意愿和特点，柯纳利让一些员工重新选择了工作岗位。自从调换工作后，那些员工没有任何人愿意再消沉下去，重新鼓起了干劲，工作热情随之高涨。

柯纳利不用多花钱就让员工干劲十足的秘诀，在于让员工意识到工作的意义，从而激起员工“值得做”的心理体验。

美国管理学大师德鲁克认为：**要调动员工的积极性，实现对他们的有效管理，重要的是让员工从事他感兴趣的工作，或者使员工发现自己所从事的工作的乐趣和价值，以便从工作的完成中得到一种心理满足感**。

现实中，很多管理者认为，员工如何看待自己的工作并不重要，重要的是工作成果和工作效率，员工只要完成好老板布置的任务就行了；而他们让员工完成任务的手段，无非就是强制或者物质激励等。

这种管理者肯定不会得到高效率工作的员工，也不会看到努力工作之后的有效成果。因为，人只有相信自己在做的事，是有意义、有价值的，才能够长期坚持不懈、乐此不疲。

心理学研究表明，人的才能在很大程度上受到他的心理状态的影响和制约。当一个人做他想做的事时，他的心理就能保持积极的状态，他的心理活动，也能稳定地处在理想的质和量的水平上。这种心理，是他顺利从事社会活动和生产活动的基本条件。

因此，管理者要很好地分析员工的性格特性，合理分配工作，并懂得如何赋予工作意义和价值，让员工在符合他自己意愿的情况下工作，而不是仅仅让他们完成任务。

☆ 要最和谐的组合，而不是要最优秀的组合

企业是一个需要全体员工一起合作的组织。人与人的合作不是人力的简单相加，而是比较复杂和微妙的。人不是静止的物，而更像来自四面八方不同等的能量，这些能量相互推动时自然事半功倍，相互抵触时则一事无成。因此，企业必须要考虑合理的人才组合，使各成员之间互相补充协作，各取所长，充分发挥各成员的优势，实现团队的有效合作，从而产生更好的效果。

日本西武集团的掌门人堤义明就曾犯过这样的错误。

西武集团在加拿大多伦多创建了一家叫王子酒店的大型五星级酒店。对于这样一家豪华酒店，必然要有一个强有力的领导班子。委派谁去管理，无疑是一个重要问题。堤义明经过长时间考虑，决定从集团本部的三个部门各抽一名部长去任王子酒店的会长、社长和常务董事。

对于这三名部下，堤义明了如指掌，他们都是各自部门里独当一面的重量级人物，在西武可谓身经百战、屡建奇功，堤义明一向对他们相当器重。如不是多伦多王子酒店占据举足轻重的地位，堤义明也舍不得将这三员爱将放到海外。

临行前，堤义明为他们设宴饯行。宴席上，其乐融融、觥筹交

错，堤义明和许多人一样，相信他钦点的三员虎将此去一定会大展宏图，将西武的事业在海外发扬光大。只有西武化学社社长森田重光有些不以为然，甚至忧心忡忡、一言不发。目光敏锐的堤义明发现了这一点，他想森田肯定有什么不同的想法。于是，悄悄告诉森田重光：宴会结束后请稍留步。

宴会结束后，堤义明把森田重光请到了自己的办公室。他问森田重光在宴会上何以面色有异。森田重光直言不讳地说："我认为您将那三人派到多伦多去经营王子酒店是完全不合适的。"

"你不觉得他们三个都是杰出的人才吗？没有什么人比他们更能干！"堤义明感觉森田重光的话简直是莫名其妙。

> 请神容易送神难。解雇人比雇用人更能考验管理者的心理素质和管理艺术。

森田重光说："正是由于他们三个都是杰出的人才，所以我才觉得他们不合适。恕我直言，社长先生，您没注意到如何搭配他们，他们不但不能同心协力共同发挥作用，反而可能互相拆台，最终不可收拾。您知道，这三人都是集团三个部门的领导，在自己的业务范围内一向都是自己做主，他们最大的优点是有很强的创造性，缺点则是比较自以为是，拙于合作和协调。就好像是三匹骏马各自都可以驰骋千里，追风逐月，但如果是把它们绑在一起去拉车，它们可能还不如三条愚笨的牛管用。"

堤义明觉得森田重光的话有些危言耸听，所以没有采纳他的建议。

两个月后，多伦多酒店亏损的情况不断传来。堤义明这才觉得森田重光的预言是何等正确。堤义明很快召开集团高层会议，这次会议的中心议题就是更换多伦多酒店管理人员。

多伦多王子酒店原社长被调回国内任另一家酒店社长，新社长则由原来的会长出任，原常务董事则出任会长一职。

两个月后，两家酒店的生意都空前兴隆，营业额提高到了原来的1.5倍。

从西武集团此次的人员调配和合作搭配上可以看出：**一个团队的效能如何，不仅在于人才的多少和人才的水平高低，更在于是否相互配套**。有时候，管理者虽然拥有了一批优秀人才，但却往往因为调整搭配不当而前功尽弃；虽然重视了个体素质，但却因为或多或少地忽视了组织群体合理结构的配套，而使内耗丛生力量抵消，结果陷入了人才低效的怪圈。

因此，用人要着眼于整体效应，要考虑职员在构成群体时，彼此的性格、年龄、能力等要素是否匹配，结构是否合理，是否有利于组织目标的实现。一个高效的团队需要不同层次和类型的人才，只有注意人才的层次性和互补性，才可以使人才个体在总体的引导和激励下释放出最大的能量，从而产生良好的团队效应。

☆ 将合适的人请上车，将不合适的人请下车

一提到用人，很多人会想起“宝贝放错了地方是垃圾”这句话，甚至还有人提出“企业里没有无用的员工，只有不会用人的领导”的观点。这话理论上也许是对的，前提是这个企业足够大，有足够多的岗位，足以容纳任何一种人。

而对于企业来说，及时任命一个优秀的人才很重要，而果断对一些不称职的员工进行体面而又坚决的辞退也是非常重要的。

因此，管理者不仅要知人善任，还要知人善免。相比较而言，后者对管理者的要求更高一些。很多管理者偏于感性，而疏于理智，对那些已明显多余的设备和多余的人采取姑息的态度，结果严重地影响了组织的效率。

人员流动是人力资源结构合理配置的有效途径，也是企业保持长远生命力不断发展的法宝。美国学者库克曾提出一种称作“人才创造周期”的理论。他认为，人才的创造力在某一工作岗位上呈现出一个由低到高，到达巅峰后又逐渐衰落的过程，其创造力高峰期可维持3至5年。人才创造周期可分为摸索期、发展期、滞留期和下滑期四个阶段。库克认为，在衰退期到来之前适时变换工作岗位，便能发挥人才的最佳效益。

在实际工作中，知人善免却不那么容易，有许多阻力和障碍需要

加以清理和克服。有的管理者认为，只要不背离原则，即使下属能力差一些，总要给个位子，以便平衡各种矛盾。另一些管理者受个人感情的羁绊，对一些资历长、任职久、感情深的下属、老乡和同学迁就照顾，即使他们的责任心退化、使命感弱化、进取心淡化，也拉不下脸来予以免职。这些问题严重影响了企业的发展，使一些企业停滞不前或濒临破产。

企业的新陈代谢需要一定的人员流动性，保持合理适度的人员流动率，可带来知识和技术的交流，不断为企业带来新的活力，淘汰不合格员工，引进高素质人才，推动企业早日实现组织远景，推进企业的发展。

当然，过度的人员流动也会使企业的人力资源成本增加，甚至影响企业的正常运行。调查显示，10% ~ 20% 的员工流动率对企业长远发展才是有好处的。

人们常说，拿得起放得下才是应有的气概；而请得来、送得走则是一个管理者应备的魄力。切实做到“招进来”与“请出去”，并注意方式和效果，你所带领的团队才能越来越好，越来越强。

第5章

心理激励：满足员工心理需求，保持持续积极状态

激励属于一种比较有效的管理手段，它从人的心理出发，满足员工的内在心理需求，并以合理的激励手段来调动员工的积极性。

☆ 金钱无法持续提升员工满意度

在现实工作中，工作动机是最为重要的激励因素。不管哪一位员工，在其发展阶段都有着不一样的工作动机，比如为了金钱，但是金钱却不是员工工作动机的主要因素，甚至并不是一个重要的因素。有心理学家研究表示，金钱之于员工来说，保障的作用要大于激励的作用。所以，作为管理者，不能全部依赖金钱的激励方式，而是应该善于挖掘金钱以外的员工最深层次的心理需求。

美国心理学家亚伯拉罕·马斯洛提出了需求层次理论。马斯洛理论把需求分成生理需求、安全需求、爱和归属感、尊重和自我实现五类，依次由较低层次到较高层次排列。在自我实现需求之后，还有自我超越需求，但通常不作为马斯洛需求层次理论中必要的层次，大多数会将自我超越合并至自我实现需求当中。

通俗地说，假如一个人同时缺乏食物、安全、爱和尊重，通常对食物的需求量是最强烈的，人们对其他需要就不那么在意。此时人的意识几乎全被饥饿所占据，所有能量都被用来获取食物。当人从生理需要的控制下解放出来时，会出现更高级的、社会化程度更高的需要，如安全的需要。马斯洛指出，最基本的需要到达能够满足维持生存所必需的程度后，就不再成为激励因素了。

事实确实如此，随着社会经济的发展，很多企业都逐渐发现，金钱这种满足人类基本需求的东西，传统的单一激励手段，在实施过程中受到了诸多因素的制约。

美国心理学家、管理理论家赫茨伯格也在《再谈激励员工》一文中对金钱和激励之间的关系提出质疑。他指出，**与工作满意相对的不是不满意，而是缺少满意感**。同样，不满意的反面也不是满意，而是缺乏使员工产生抱怨的因素。他把体现在薪酬上的钱归为后一类。也就是说，我们付给员工的钱只是为了让他们不要缺乏动力。

科恩认为，钱最多能避免一些问题的出现，但这并不意味着，我们应该不惜利用大量的金钱为企业买来高质量，或用钱鼓励个人努力工作。

我们无意对金钱的激励作用全盘否定，实际上，金钱在任何时候都可以鼓励一些人努力工作。但是，有两个问题越来越需要所有的企业去面对，这就是：激励成本和激励效果问题。

人的欲望是无穷的，企业有限的物质资源永远无法满足员工的无限需求。同时，当员工所得到的物质财富达到一定水平时，受“边际效用递减规律”的影响，如果继续增加所分配的物质财富的数量，对员工的激励作用将不再明显。

金钱用于激励，是一把典型的双刃剑。一方面，薪酬可能是最直接、最能立竿见影的激励措施，因为绝大多数人总还是希望钱越多越好；但另一方面，薪酬也是最不可靠、成本最昂贵，而且也最难于操作的激励手段。你能保证员工因为多拿钱而多干活吗？你知道一个员工认为该拿多少钱才愿意任劳任怨呢？多数情况下，答案都是“NO”。而企业在对员工采取激励手段时，最尴尬的结果就是：花了钱，反而换来了人心离散。

作为管理者，在发挥金钱激励积极性一面的同时，应尽量避免其消极的一面，并设法激活员工积极性的非物质因素，以降低激励成本。

☆ 尊重是有效的零成本激励

根据《2015年中国年度最佳雇主》的公众调查显示，现在的员工并不再把“薪水福利”当做评价工作的唯一标准，而是更多地期望能够在工作过程中得到领导者应有的尊重和公平的待遇。换句话说，在现代企业管理中，除了薪水之外，领导者更需要做的是要尊重员工，给予员工好的心理体验，以此让员工快乐地工作，投入地工作。

如果员工在工作过程中，没有感受到尊重，那么他们便会消极怠工，回馈给公司的也绝不是高效率的工作。最终看来，亏损的还是企业，吃亏的还是老板。所以，在企业里，管理者要想让员工为自己努力工作，要想激励员工积极工作，必须要做的就是尊重员工，让他们的自尊心得到满足，从而激发其工作的积极性。

对于员工来说，他们在内心深处都有一种渴望得到领导重视和尊重的心理。在员工看来，地位上的差异他们能够接受，但在感情上却希望自己的贡献、自己的价值能得到认可，这种认可的体现就是在企业中能得到别人的尊重，尤其是上级领导的尊重。一旦这种愿望得到实现，他们的内心深处就会产生一种“不负使命”的责任感，工作意念和干劲就会促使他们尽力做事。

同时，管理者对员工的尊重，同样也是赢得员工的尊重，并让下属认可你的领导才能的前提。一旦员工对你产生一种尊重和崇拜感，就会转化出一种强大的工作热情。

一位管理学家曾经说过，我们尊重每一位员工，这个理念看似非常简单，但是在我们的企业内部，管理人员需要在这一方面花费很多的时间；美国花旗银行也以“将员工当做伙伴，以礼待之，出之尊重”为信条；美国海·帕公司的管理者会对员工推心置腹，甚至允许工程师将一些相关设备带回家里研究使用……

上述这些公司，都是以“尊重员工”为名的著名企业，在他们的“尊重”理念的鼓舞下，员工也干劲十足，毫不拖沓，这才造就了这些业绩长虹的企业。

> 企业要想长远地发展，第一步要做的就是尊重员工。

由此，我们可以看到：**一种很普通的尊重一旦应用到企业的管理工作中，哪怕只是一件微不足道的事情，都能很好地起到激励员工的作用，形成让员工努力工作的一种强大的推动力**。

管理者满足员工对尊重的需要，就能令其享受这种精神上的满足而达到激励的目的。这可是善用资源，提高收益，减低成本的激励法宝，管理者不可不学。管理者高调地用这种零成本的激励手段，不但调动了员工的工作积极性，还为自己赢得了员工的敬仰。在彼此尊重的企业环境里，就会形成一股强有力的企业凝聚力，从而提高企业的竞争力。

☆ 管理者要用实际行动拉动员工的积极性

管理者虽然拥有一定的人事任免权和物质分派权，但权力的运用是有法度的，而不是管理者指手画脚的资本。当今社会，那种监工驱赶式的管理方法已不合时宜。现在的人，犹如一根柔软的绳子。要想用好绳子，必须用各种方式“拉”，而不是“推”。

靠什么来“拉”？靠的就是管理者自身的言行。

心理学研究表明，人类是最富有模仿性的生物，人的大部分行为是模仿行为，而榜样则是模仿行为发生的关键。因而，管理者要善于运用示范作用，引发人们的自省与共鸣，引导人们的行动。

管理者对待工作的态度，直接影响员工的积极性。有些本来很好的企业，在一任领导的主持下每况愈下，直至倒闭破产，其原因在很大程度上就是企业领导的问题；有的企业本来陷入困境，但新的领导上来后，很快就扭亏为盈，究其原因就是有一个有热忱的领导。

> 没什么比看到管理者在工作更能激励员工的了。

热忱和人类的关系，就好像是内燃机和火车头的关系，它是行动的主要推动力。爱默生说过：**“有史以来，没有任何一项伟大的事业不是因为热忱而成功的。”**

优秀的管理者知道，**热忱并不是一个空洞的名词，而是一种影响力**。在一个企业内部，如果管理者是一个精神萎靡的人，那么他的员工也会受其影响而提不起精神。如果管理者是一个精力充沛的人，那么一定会感染他的员工，并在企业内部形成一种积极的气氛，这样的气氛会激发员工的工作热情，使之更好地为企业效力。

著名物理学家博伊尔说，“离开了热忱是无法做出的。这也正是一切伟大事物激励人心之处。离开了热忱，任何人都算不了什么；而有了热忱，任何人都不可以小觑”。

在不少公司里常常有种不妨称之为“批文专家”的人。这类人整天高坐在自己的办公室里，极少深入到员工当中去。当属下送来什么重要报告时，他会慢条斯理地进行审阅，说声“行”“不行”或“留存”。这就是所谓“批文专家”的工作作风。这类管理者很难带给员工活力，所管理的公司自然也显得沉寂而又毫无生气。

如果你不知道怎样表现出自己的热忱，以下建议或许对你有所帮助：早晨上班要比其他人早一点。当看到有人来了，要大声问候一声“早上好”。工作时，要精神饱满，干净利落。在努力做好一项工作的同时，考虑接下去所要做的工作，从而使工作不间断地进行；时间空闲时，主动同员工打声招呼“工作怎么样？心情还好吗”，听听他们的意见，并到其他部门走走。

企业要发展、要兴旺，与其说是靠产品竞争取胜，毋宁说是依靠企业全体员工的素质、积极性和向心力。要调动企业全体员工的积极性，不能光靠权或钱，管理者的热情肯干也是必不可少的。

在任何时候领导都是员工的榜样，身为管理者，不只需要满腹的学问、出众的才能，工作的热情也相当重要。有高昂的工作热情，管理者可以调整、分析自己的动机和需要，选择合理的目标并最终实现这些目标；而管理者自身的积极性会使员工们动起来。积极性导致行动，也积累起热忱，而热忱对于自己的成功、对于带动员工的积极性来说，都是无价之宝。

☆ 盲目地晋升，会让效果适得其反

对大部分员工来说，晋升是很具诱惑力的方式，满足了员工对权力的需要。因为在工作上处于公司的哪个位置，是与地位、身份联系在一起的，随着地位的上升，权限也会变大，在工作上更能按照其个人的思考行事。所以，几乎所有的企业都会提供晋升机会以激励员工。

如果你真的用晋升的办法激励员工，一开始自然皆大欢喜，但随着时间的推移，一些问题也慢慢浮现出来：那些被提升的人有一部分根本无法胜任现在的工作，他只是在这个位子上原地踏步，甚至是不进反退，将工作搞得一塌糊涂。他的表现不仅会打击同事的士气，而且严重妨害整个组织的效率。

> 晋升虽然是激励员工的重要手段之一，但也不可盲目晋升，这是管理者在进行综合考量后才能够做出的决定。

有些管理者可能会好奇这样的现象：晋升难道不是激励的一种方式吗？为什么会取得如此糟糕的结果？这个问题，可以从彼得原理中找到答案：在一个等级制度中，每个员工趋向于上升到他所不能胜任的地位。

劳伦斯·彼得指出，每一个员工由于在原有职位上工作成绩表现良好，就会被提升到更高一级的职位上；其后，如果继续胜任该职位，则将进一步被提升，直至到达他所不能胜任的职位。彼得由此得出的结论是："每一个职位最终都将被一个不能胜任其工作的员工所占据；层级组织的工作任务多半是由尚未达到不胜任阶层的员工完成的。"

彼得认为，每一个员工最终都将达到"彼得高地"，即职业生涯的困惑点，在该处他的提升商数为零，从而最终导致组织效率低下。为了增进效率，只好雇用更多的员工。员工的增加虽然使效率暂时得到提升，但新员工最后仍将晋升到不胜任的岗位上去，组织效率再次回归低下。于是只得再次增员来改善，从而获得暂时的高效率。然后是另一次逐渐归于无效率。如此循环，就使组织中的人数超过了工作的实际需要。这样的现象还会产生另外一种后遗症，就是不胜任的领导可能反而会阻碍了可能的胜任者提升的途径，造成组织的人浮于事，机构臃肿，效率低下，发展停滞。

通过彼得原理的解释，或许管理者应该明白了"员工在其位却无法胜其职"的原因。

那么，为什么那些多年来表现都很卓越的人士，突然间就无法胜任新工作了？因为他们并没有领悟到新工作所需的能力和应该具备的条件，还是依然故我，按照先前在旧职务上获得成功并得以拔擢的那套做法行事。

因此，对于管理者来说，要想打破这一不良现象，就不能单独按照一项工作表现去推断员工的能力。因为，目前的工作成绩与更高级的职位并无必然的关系，一名出色的技术骨干不一定适合做技术主管；一名优秀的销售员不一定适合做销售主管。将一名员工晋升到一个无法很好发挥才能的岗位，不仅不是对本人的激励，反而使其无法很好发挥才能，也给企业带来损失。

当然，员工提升为组长依然称职、组长提升为主管依然称职的案例也有很多，因此不是说晋升不好，而是不要把岗位晋升单纯地当成对员工的一种激励方式。对于晋升，企业要建立科学、合理的人员考核与选聘机制，客观评价每一位员工的能力和水平，重视潜力而不仅仅是目前的绩效。

为了慎重地考察一个人能否胜任更高的职位，最好采用临时性和非正式性“晋升”的方法来观察他的能力和表现。如设立经理助理的职位，在项目小组中赋予更大的职责，特殊情况下先让他担任代理职位，等等。

每个士兵都想当将军，但是能当将军的士兵毕竟是凤毛麟角。换个角度讲，员工期望得到晋升通常只是为了获取更多的薪水或权力，而不会想自己能否承担更重的职责，很少会花时间、花金钱、花力气来提升自己的水平。对企业来说，如果确实需要管理人员，将员工晋升时还要加强培训，使其掌握新岗位所必需的技能。否则，企业应少使用升职的方式，多使用原职加薪，同时建立多元的激励机制，这样员工就不会盲目地追求晋升，这样就能减少不称职现象的发生。

另外，要在企业中真正形成能上能下的良性机制。一个无法胜任销售主管的人，或许是最佳的人事经理的人选，只有通过这种机制找到每个人最胜任的角色，挖掘出每个人的潜力，企业才能人尽其才。

☆ 工作多元化，让员工保持永久活力

有一定管理经验的管理者也许会发现这样的现象：刚来的新员工，都充满激情，在新岗位上积极学习，认真投入地做事，挖空心思地表现。但随着时间的推移，渐渐地，他们不再是早来晚走，而是刚进办公室就盼着下班；在办公室常常不想干活儿，或者是东扯西扯，东看西看，一天就这样浪费过去了……对于这种情况，管理者或许会感到疑惑：到底是什么原因让员工变成了这个样子？是激励不够，还是奖励不足？究其原因，最为主要的就是员工对现在的工作产生了厌倦心理。

管理大师、双因子激励理论的创建者弗雷德里克·赫兹伯格认为，有三种方法可以激励员工：拓宽员工的职责范围、轮岗、给员工更加有挑战性和难度的工作。通过这些方式，给员工带来新鲜感，以此去除他们因重复的工作而产生的倦怠感，让他们在工作的不断变化中重新活跃起来。

人，都有喜新厌旧的心理，或多或少，或轻或重。对此，企业要采取一些措施，减少员工对工作的厌倦感，并达到激励员工的效果。

1. 允许员工选择工作岗位

企业可以允许员工在一定范围内选择所从事的岗位，这会激发他们仔细地审视自身优势和兴趣所在。员工的意向和选择可以最大限度地诱发自己的动机和行为，有效避免职业厌倦的发生。激发工作的责

任感，在提高效率的同时享受到工作乐趣。研究资料表明，如果一个人对某一种工作不感兴趣，在这方面只能发挥全部才能的20%～30%，也容易感到疲劳、厌倦；相反，假如对某一工作有兴趣，则能发挥他全部才能的80%～90%，并且能长时间地保持高效率而不感到疲劳和厌倦。

当然，允许员工选择岗位，并不是没有限制，也并不是员工喜欢做什么就做什么、想做什么就做什么。毕竟，在企业里，要根据企业的实际情况和实际需要，再结合员工自身的兴趣爱好，进行合理的分工。

2. 工作内容多元化

增加一些与现任工作前后关联的新任务；增派一些原来由经验丰富的员工、专业人士甚至经理做的工作；可以设定绩效目标，让员工用适合自己的方式去实现它们。这些措施往往能消除之前的厌倦感，激发起员工对新工作内容的兴趣。

3. 适当的岗位轮换

不可否认，部分员工并不了解自己，恰当的岗位轮换可以让他们寻找到自身的潜力与兴趣所在。成为挪来挪去的“鼹鼠”并不一定是件坏事。如果某一职位与员工的兴趣和个性完全不符，一成不变的工作很可能造成创造力的丧失和过早的热情消磨。丰富的工作内容不仅可以充分地调动好奇心，也是发掘真正兴趣的必要方式。当员工在多彩的工作挑战中找到真正与自己兴趣相关的岗位后，就会从漫无目标的“鼹鼠”变成执着的“螺丝钉”，在岗位上深入探索而乐此不疲。

4. 尝试创造性和变化

如果你手下有喜欢挑战性工作的员工，那就应该给他们分派一些比较复杂的工作，让他们从中得到乐趣，从创造中找到成就感。即使对于那些害怕变革的员工，让他们从事一些比较简单而且重复性的工作之余，也要考虑在工作本身创造一些变化，以免员工产生厌倦情绪。

☆ 赞美是投资最小、回报率最高的方式

喜欢听别人赞美是人的天性之一，每个人都会对来自社会或他人的恰当赞美，而感到自尊心和荣誉感的满足。良好的赞美能促进人们走向成功。

有的管理者认识不到这一点，他们整天只是不断地板起面孔来督促着下属，对下属的工作指手画脚、吹毛求疵，就算下属的工作做得很漂亮，他也能提出不足之处，却从不对他的下属说一句表扬的话，以致企业里显得暮气沉沉，毫不活跃，这样的企业，绝不会有长期的发展。

行为科学中有一个著名的“保龄球效应”，说的是这样一个著名的实验：

两名保龄球教练分别训练各自的队员。他们的队员都是一球打倒了 7 只瓶。教练 A 对自己的队员说：“很好！打到了 7 只。”他的队员听了教练的赞扬很受鼓舞，心里想，下次一定再加把劲，把剩下的 3 只也打倒。教练 B 则对他的队员说：“怎么搞的！还有 3 只没打倒。”队员听了教练的指责，心里很不舒服，暗想，你怎么就看不见我已经打倒的那 7 只。结果，教练 A 训练的队员成绩不断上升，教练 B 训练的队员打得一次不如一次。

教练A和教练B分别实施的是正面激励和负面激励，这两种激励的方法，都可以描述或者概括一个人所做的事情。但从心理学的角度来讲，正面激励给人一种正向的心理暗示，使人们往积极的方向发展，在长期的积极的引导下，可以自然地将事情做好，还可以不断地发现自己的闪光点。而负面激励是给人一种负面的、消极的、惩罚性的心理暗示。这种暗示会影响人们做事的心态和态度，很容易形成恶性循环。由此可见，赞美能使一个人获得坚持不懈的动力，能使一个人更加自信和努力。

19世纪初，英国伦敦有个年轻人，想成为大作家，而他只受过不到4年的正规教育。不仅如此，他的父亲因为不能偿还欠款被判入狱，为了生计，他白天在一家破旧工厂仓库里粘贴标签，晚上则与另两名贫民窟的男孩睡在一处阴暗的小阁楼里。

他因为害怕别人取笑，只能三更半夜溜出去把稿子投进邮筒里。他写了又写，但没有一篇被采用。在他面临放弃的时候，一个编者给他写了一封信，信中称赞并采用了他的作品。年轻人因这突来的认可而显得十分激动，他漫无目的地在街头游走，泪水滚落面颊。

这次投稿所得到的称赞和认可，使年轻人的生命整个改变了。假如不是那位编者的鼓励，他很可能终其一生在那间破旧的工厂里粘贴标签。这个年轻人就是英国著名作家查理·狄更斯。

获得赞赏是人的一种基本心理需要。心理学家威廉·詹姆士曾说：**“人类本性最深的企图之一是期望被人夸奖和尊重。渴望被夸奖是每个人内心里的一种最基本的愿望。我们都希望自己的成绩与优点得到别人的认同，哪怕这种渴望在别人看来似乎带有点虚荣的成分。”**

心理学家认为，肯定和鼓励比批评与指责更有助于改善人的行为。

事实确实如此。每一位家长都有这样的经验，要你的孩子学好，与其用严厉的责备，不如用表扬。“你的字写得比之前进步多了！”你这样对他说了，下一次他写得一定更好。

这一方法同样可用于对待你的部属。在下属把工作干得挺漂亮时，他们最想得到的，就是上司对他的一句肯定与表扬。当他们感受到自己的表现受到肯定和重视时，在他们看来就会是一种莫大的鼓舞，工作在他们眼中会是一片灿烂与美好。如果众多的员工把这种良好的心理状态带到工作中、带到客户中，这个公司的效益自然会得到提高。

夸奖是贴近人的本性的低成本激励方法，它的实施不需要投入什么资金。得体的赞美，会使你的员工感到很开心、很快乐。它是一种促进人继续努力的强烈的兴奋剂，还是博取好感和维系好感最有效的方法。以温言轻语来褒奖他人，会让对方产生被接纳的心理感受。如果有一天你对下属说：“公司对你的工作很满意，你安心努力做下去吧！”这一句话起到的激励效果甚至要高过增加薪水带来的效果。

所以想让你的员工把工作干得更好，就不要老是站在管理者的地位指手画脚；留心他的工作，找到一点点值得称赞之处时，就紧抓它来促进你的鼓励，那么你一定会得到满意的激励效果。

☆ 巧用“竞争对手”，激励员工上进心

竞争是大自然的法则，也是现代组织管理的一条原则。在团队内部引入竞争机制，有利于打破另一种形式。如果一个团队内部没有竞争，在开始的时候，团队成员也许会凭着一股激情努力工作。但时间

一长，他发现无论是干多干少，干好干坏，结果都是一样的，每一个成员都享受同等的待遇，那么他的热情就会减退，而后失望、消沉。这其实就是一种“披上团队外衣的大锅饭”。

为了增强企业的活力与竞争力，优秀的管理者会在企业内部引进合理的竞争机制。实行赏勤罚懒，赏优罚劣，就可以打破这种看似平等实为压制的利益格局，团队成员的主动性、创造性才会得到充分的发挥，团队才能长期保持活力。

心理科学实验表明，**竞争可以增加一个人50%或更多的创造力**。每一个人都有被尊敬的需要和成长发展的期望，其潜在心理都希望自己“比别人站得更高”，或“比别人更重要”，从心理学上来说，这种潜在心理就是自我优越的欲望。当这种自我优越的欲望出现了特定的竞争对象时，其超越意识就会更加鲜明。

> 没有竞争的后果，一是自己决定唯一的标准，二是没有理由追求更高的目标，三是没有失败和被他人淘汰的顾虑。

人是有惰性的。一成不变的安逸环境，最容易消磨员工的斗志。当一个员工的工作激情衰减到对企业的危机无动于衷时，这个企业也就同步衰败了。这也是许多优秀企业的短命缘由。鉴于此，管理者就要千方百计将竞争机制引入企业管理中。只有竞争，企业才能生存下去，员工才能士气高昂。

竞争的形式多种多样，例如，进行各种竞赛，如销售竞赛、服务竞赛、技术竞赛等；公开招投标；进行各种职位竞选；用几组人员研究相同的课题，看谁的解决方式最好，等等。还有一些隐形的竞争，如定期公布员工工作成绩，定期评选先进分子等。你可以根据本企业的具体情况，不断推出新的竞争方法。

无论采取什么形式，要想把竞争机制真正在组织中建立起来，都必须先解决下面三个问题，也就是建立竞争机制的三个关键点：

1. 激发员工的“逞能”欲望

如何激发员工的“逞能”欲望？通常的做法有两种：

一种是奖励的方法，促使员工努力工作、积极进取。另一种是精神鼓励的方法，这其中也分为两种情况：其一是事后鼓励，比如在员工完成了一项任务后给予其表彰或表扬；其二是事前激励，即在员工完成某项工作之前就给予其恰当的刺激或鼓励，使其对该项工作的完成产生强烈的欲望。这样一来，其求胜心理会被成功的意识所支配，从而能够乐于接受任务并竭尽全力地完成。尤其是对于那些好胜心或者进取心比较强的员工来说，事前激励要比事后鼓励更有效果。

事前激励一般有两种做法，一种是正面激励，一种是反面激励。前者是指从正面进行说服或勉励，向其明确事后的奖励政策；后者就是通常所说的“激将法”。由于这种做法对人的尊严和荣誉感有着强烈的刺激，所以在一般情况下都能成功。

2. 强化员工的荣辱意识

荣辱意识是使员工勇于竞争的基础条件之一。但是每个人的荣辱意识各不相同。有的人荣辱感非常强烈，而有的人荣辱意识则比较弱，甚至还有的人几乎不知荣辱。因此，管理者在启动竞争用人的方法时，必须强化员工的荣辱意识。

强化荣辱意识，首先要激发员工的自尊心。自尊心是人的重要精神支柱，是进取的重要动力，并且与人的荣辱意识有着密切联系。自尊心的丧失容易使人变得妄自菲薄、情绪低落，甚至内心郁郁不满，从而极大地影响员工的劳动积极性。然而事实上，并不是每个人都具有强烈的自尊心。根据有关的分析，员工自尊心的表现程度大致分为三种类型，即自大型、自勉型和自卑型。对于第一种人来说，他们的荣辱感极强，甚至表现为受荣而不能受辱，并且他们的荣辱感往往带有强烈的嫉妒色彩。这就要求管理者对他们加以正确引导，以防止极端情况的发生。对于第二种人来说，其荣辱意识也比较强，只需要你稍有引导就可以了。而对于第三种，管理者必须通过教育、启发等各种办法来激发其自尊心，尤其是要引导其认识自身的能力和价值。

3. 给予员工充分而公平的竞争机会

在员工中引入竞争机制的目的是为了激励员工，做到人尽其才，发展团队的事业。为此，管理者必须为员工提供各种竞争的条件，尤其是要给予每个人以公平的竞争机会。这些机会主要包括人尽其用的机会、将功补过的机会、培训的机会以及获得奖赏的机会等。竞争中任何一点不公平都会使竞争的光环消失，如企业竞选某一职位，员工知道领导早已内定，还会对竞选感兴趣吗？如进行销售比赛，对完不成任务的员工也给奖，能不挫伤先进员工的积极性吗？失去了公平，竞争就失去了意义。

第6章

沟通心理："把脉"员工心理，提高员工的忠诚度

现代管理之父德鲁克曾经说过，一个人必须知道该说什么，一个人必须知道什么时候说，一个人必须知道对谁说，一个人必须知道怎么说。"说"几乎和人同时存在，表明了"说"在人生活中的重要性。而如何说，怎么说，什么时候说，就考验了管理者对沟通心理的掌握能力了。

☆ 创造交流气氛，为心理沟通做暖身

一般情况下，领导找下属谈话的时候，下属都会产生一种紧张心理。尤其是新员工在和一位资深的领导谈话时，更是心跳加速，甚至不知所云。在这种情况下，作为领导者，如果想得到良好的沟通效果，就要先给下属进行一些“暖身运动”，尽力消除下属的紧张感。

“暖身运动”是指领导者在和下属谈话之前，运用叙旧和拉家常等方式给下属以平易近人的感觉。这种谈话前的“暖身运动”，主要是为了给双方沟通情感做铺垫，创造融洽的交谈气氛。这样，下属会认为领导很随和，开场方式也深入自己的心里，因而也就不再感到那么拘束。这是做领导者打开员工心扉，拉近自己和下属距离的重要方法。

著名文学史专家唐弢年轻时第一次会见鲁迅先生，心理上很是不安。而鲁迅先生的一句“我也姓过唐的”话语，立刻缓和了气氛。可见，要想消除交流中彼此的紧张感，最有效的措施就是一方尽量用轻松的语气和对方交流。作为领导者，就更应该如此。如果领导者用轻松的话语和下属谈话，下属内心的拘束感就会消失，以一种轻松和愉悦的心理同领导者进行交流。如此，下属才会畅所欲言，把心中的所想所感全盘托出，这样有利于领导者了解下属，从而能够找到激励下属的更合理的方式。甚至有些过于紧张的下属在这种宽松的气氛下，也能逐渐消除紧张和顾虑，思维活跃起来，考虑到一些先前没有考虑到的

东西，下属的潜力就能最大限度地被领导者挖掘出来。这无疑是做领导的重要智慧。

那么，领导者怎样才能用动听的声音为下属暖身呢？

1. 在许多情况下，特别是在领导者和下属沟通过程中有心理差距的。

出现下属的不信任感、抵触情绪，双方观点相左等情况时，领导者要先对下属问寒问暖，亲切地聊聊天，或者开开玩笑，就会使下属体会到领导的关心和友好的态度，从而消除不良情绪，向领导敞开心灵的门窗。这些交谈前的"暖身运动"能使下属减轻心理压力及局促感，为交谈的顺利进行创造理想的心理背景。这也是做领导者惯用的和下属相容的方式之一。

2. 领导者可以通过观察下属的情绪和个性特征，以便用恰当的方式使交谈顺利地进行下去。

如果下属情绪饱满，侃侃而谈，说明其心绪良好或性格外向，领导者就可以借机行事，逐步引导，层层加深和下属的交谈；如果下属缄默不语，表情淡漠，则表明其心情不佳或性格内向，或者对领导者的话题不感兴趣，领导者就可以采取轻松幽默的话语，缓解一下下属局促的心理，等下属放下心理的包袱后，就会和领导者无所不谈。这也是领导者打开下属心门的一把钥匙。

领导者在和下属沟通运用"暖身运动"时，必须出于真诚和友好。下属如果感到领导者不够诚恳，就会产生抵触心理，加重和领导者交流时的心理负担。此外，领导者的这种"暖身运动"，时间不宜过长，以免喧宾夺主，冲淡了主题。优秀的领导者往往善于抓住"闲聊"中的话题作为突破口，及时导入正题，自然而然地把沟通纳入自己预定的轨道，取得预期的沟通效果。

☆ 谈话现场人越少，沟通的心理效果越好

对管理者来说，一对多的沟通形式比较常见，如当众讲话、主持会议等，适用于传达精神、宣布决定等。但从沟通的心理效果来说，谈话的对象少一些比较好，尤其是一对一的个别谈话，沟通的心理效果更好。

个别谈话会使员工感到自己受到重视，精神会受到一定的鼓舞。而且由于只有两个人，可以在一定程度上让员工放松，进而放下心中戒备，和领导者进行有效地沟通。只要个别谈话运用的正确，管理者便可以从员工内心深处挖掘出很多你以前不知道的东西；你的属下告诉你一些他的烦恼，你也可以借此机会拉近上下级之间的心理距离；同时这也是你和属下协商工作方式、共同订立工作目标的大好机会。管理者应多用这种方法与员工沟通。

除了属下主动要求和你进行单独谈话以外，在下列的各种时机中，你应该主动找下属作个别谈话：

· 他工作不力时；

· 你想就某件事听取他的意见时；

· 你认为可以协助他时；

· 你想检讨过去行动或计划作为经验时；

· 你想对未来行动提出建议时；

· 确定有某种问题发生时；

· 其他任何你认为有沟通必要时。

很多管理者已经懂得沟通的重要性，而且也时不时地找员工进行个别谈话，但是在具体的沟通中，却常常存在着这样一种现象：管理者在一边夸夸其谈，员工在一边敷衍地点头称是。最后管理者拍拍员工的肩膀来了一句："以后好好干呀，不要再想那么多了。"他们以为自己的沟通能力十分了得，拍拍肩膀什么事情都解决了，事实上，这解决不了什么问题。而员工的问题没有解决，凭什么不让他想那么多呢？

个别谈话要真正实现良好的效果，管理者必须在以下几个方面引起注意：

1. 做好沟通计划

> 交流是双向的，而不是你一个人的独角戏。

为了有的放矢，在谈话前，首先要确立沟通的主题，并具体列出要传递、获取或交换的信息。其次是时间和地点的安排。安排好时间有助于沟通过程在时间上进行控制，地点的选择则影响沟通的环境气氛。第三，发出合适的邀请。不合适的邀约方式，会影响被邀者的心理，对沟通效果带来不利的影响。

2. 深入了解员工的基本情况

管理者要了解谈话对象的学习、工作、家庭、思想、生活等方面情况，还要了解他们有什么特点，甚至犯了什么错误，错误产生的始末缘由，以及影响工作、情绪等各方面的因素，在这种情况下与对方进行沟通，才能更容易打开对方愿意的心扉，进而更好地解开对方的思想包袱，收到良好的沟通效果。

3. 忌“领导式”的谈话

管理者应放下架子，从心理上尽量地减弱由于上下级关系给员工所带来的等级感。同时，交谈要在一种平等、平和的气氛中进行，千万别像下指示一样，给员工一种发布命令的感觉。谈话时要全身心地投入其中，别一边做事情一边心不在焉地与之谈话，这样会使沟通变得没有意义。

4. 忌自言自语

很多管理者可能没有发现这样一个事实：自己说个不停，结果员工却变成倾听你的“演讲”了，让整个沟通变成你一个人自言自语。切记：一对一的谈话，应以对方为主，多让他说，你只要多听就可以了。

5. 建立互信氛围

信任是双方交谈的基础，是进行交谈时需要保持的基本态度，要尊重员工的想法，向对方表达信任，消除隔阂，减少对方的戒备心理。个别谈话时，要耐心、细心地听取员工说话，对讲得好的地方要点头承认，给予鼓励，并通过插话和提问启发对方讲话，使对方在轻松的气氛中把话讲完。

6. 谈话要有情

“感人心者，莫先乎情”。感情真挚，态度诚恳，平等待人，亲切交心，是与员工沟通的重要前提。我们常说开展思想工作要“动之以情”，个别谈话也是这样，需要用尊重、关心、爱护谈话对象的感情去吸引人、感染人、打动人，进而收到良好的谈话效果。

7. 方式要灵活

个别谈话的方式应该灵活多样。谈话目的、对象不同，谈话的方式也应有所不同。实践中，我们可以灵活采取以下几种谈话方式：

一是询问型交谈。这种方式关键是要掌握问的技巧，在问的过程中注意消除对方的疑虑。一些人适用直接询问的方式，一些人则适用委婉询问的方式。

二是批评型交谈。对有的人可以进行单刀直入地批评，而对有的人则需要启发其进行自我批评，批评者应先肯定其成绩，对被批评的人的缺点和错误应尽力引导，使之自觉地认识。

三是商量型交谈。可用商量的口吻进行交谈。谈话人要心平气和、平等待人，以关心、信任的态度对待谈话对象，不能自视特殊，好为人师，不能连珠炮似的发问，或中间打断对方的话头，应允许人家解释，谈不同看法，对的要肯定，错的予以指出，在友好的气氛中，协商解决问题。

☆ 沟通的重点不是说什么，而是听什么

苏格拉底曾经说过：上天给了我们两只耳朵和一张嘴巴，目的就是让我们多听少说。而有心理学家研究表明，**在双方彼此交流过程中，只有7%的信息是从你的说话中传递出去的，还有的38%的信息是通过彼此的语调语气来探得的，而剩余的55%则是通过你的专注倾听而得来的**。只有听懂，才能够更好地了解员工的心理层面，才能够抓住关键信息，以此达到沟通的目的。

而现实中的一些管理者，在和员工沟通的时候，有着很强地表现

欲，他们喜欢滔滔不绝地讲话，话语中满是自己的看法，喜欢以自我为中心，而忽视去聆听下属的声音。这样的沟通往往得不到什么理想的效果，甚至还会加深你和员工之间的障碍。所以，作为一个管理者，一定要适当地放下这种表现欲望，去聆听下属的心声。

从沟通的效果来说，沟通最关键的往往不是如何把自己的意见、观念表达出来，而在于如何听出别人的心声，以保证他们能够乐在其中地与你交流。常言说得好，“会说的不如会听的”，管理者要明白：在沟通中，我们真正应该把握的不是自己说了多少，而是“对方说了多少”“他的响应有多少”。沟通的重点不是“我说了什么”，而是“听到了什么”。

> 上帝给了我们两只耳朵，一个嘴巴，他的意思就是要我们多听少说。

倾听的好坏，无论对诉说的人，还是对倾听的人，都有很大的影响。倾听的艺术也构成我们人际关系中相互交流的特色。适当的倾听能够帮助管理者鼓励员工说出自己的问题，终能获得必要的真实的信息，对个人的成长和公司的发展都很重要。拥有一双善于倾听的耳朵，往往比拥有一张三寸不烂之舌更能拉近员工的心。

喜欢别人注意听自己讲话，是人类的一种共同心理。你曾讨厌过一个彬彬有礼倾听你讲话的人吗？或者换一种方式说：你曾真心实意喜欢过一个不听你讲话的人吗？

当你能够认真听取员工说话时，他们就会变得更加喜欢你。能够以认真的态度倾听别人说话，无疑是世界上可以用来同人搞好关系和建立永久性友谊的最为有效的方法之一。

最善于与人沟通的领导，通常也是最佳的倾听者，而且，往往是最善于倾听不同的声音的人。

那么，我们如何培养自己的倾听艺术呢？一定要注意以下几点：

1. 全神贯注地听

脑子里要设法撇开其他的事情，眼睛注视着说话的人，将注意力始终集中在别人谈话的内容上。东张西望、看手机、翻报纸、玩电脑等动作都表明你没兴趣听对方说话。如果你没有时间，或因别的原因不想听某人谈话时，最好是客气地提出来："对不起，我很想听你说，但我今天还有两件事必须完成，我们改个时间可以吗？"

2. 耐心倾听

不要因对方的叙述平淡而漫不经心，也不要在别人结结巴巴讲不清时，流露出烦躁和责怪的神情，更不应在别人讲不同意见时，听不下去而反驳或争吵。如果你觉得对方的话已经严重偏离了主题，可以先肯定对方之前所描述的，然后把话题引向主题。

3. 有响应地听

员工的话告一段落后，你可以作出一个听懂对方话的反馈。准确的反馈对说话人会有极大的鼓舞。因此，我们要善于通过体态语言，或其他方式给予必要的反馈，做一个积极的倾听者。例如：赞成对方说话时，可以轻轻地点一下头；对他所说的话感兴趣时，展露一下你的笑容；用"嗯""哦"等表示自己确实在听和鼓励对方说下去，等等。

4. 抛开个人好恶

有时你可能不喜欢某人说话的那种方式，或是不喜欢某人的说话声音，这些偏见可能使你听不进去正确的意见。作为管理者，你需要正确地理解意见交流中的真正内容，不应该让个人好恶妨碍你注意别人在说什么。

5. 要听出言外之意

管理者既要用耳朵去听，还要用心去听，这样才能明白别人言辞的真正含义。一个聪明的倾听者，不能仅仅满足了表层的听知理解，而要从其语情语势，身体的动作中演绎出隐含的信息，把握说话者的真实意图。只有这样，才能做到真正的交流、沟通。

6. 不要轻易下结论

听取并接受别人所讲的话，要用心去听别人的言语和想法，不要轻易下结论或者准备反驳。

7. 做一些必要的记录

在倾听员工的讲述时，最好做一些记录，一方面表明你对他谈话的重视，另一方面也可以记录一些重要的问题，以防遗忘。管理者对自己作出的承诺，最好也进行记录，以便及时兑现，如果暂时无法兑现，要向员工讲明无法兑现的原因，及替代的其他措施。

掌握以上技巧，耐心地倾听员工的心声，只在注目的刹那，你们的心灵就已开始靠近。不久，你与员工们的关系也将日益密切起来。这会使你获得事业和人际关系上的双重成功。

☆ 适时沉默，给员工留点心理空间

沉默是一种品格，也是一种境界。适时的沉默可以给人力量，可以给人智慧。所以，管理者在沟通中要学会保持适时的沉默，让员工喧嚣的内心世界平静下来，以此来获得更好地沟通效果。

美国加州大学的心理学教授古德曼曾经说过："**沉默能够调解沟通双方说话和听讲的节奏。如果沟通中缺少了沉默，那么所有的交流就很难顺利进行。**"沉默是理性思考的开始，有时候沉默也具有很强的表现力，管理者在沟通过程中的适时沉默，更有利于员工的内心思考，此时的沉默力量甚至要大于一场激烈的演讲。这个时候，员工可以借此时间思考管理者的话语，并加以重视。

大部分的管理者，在和员工沟通的过程中，滔滔不绝、没完没了，几乎没有给员工开口和思考的机会，这样一来，再好的说辞和表演也无法引起员工的兴趣，甚至还会导致员工的反感。所以，当和员工沟通的时候，管理者应该学着保持适当的沉默，可以起到"此时无声胜有声"的作用。

而在企业中，管理者和下属的沟通通常分为以下几种情况：

调解员工内部矛盾：当内部员工发生争执时，适当的沉默，给他们时间冷静是一种有效的处理方法。争执的双方为了寻求一个说法，通常会把他们心目中的权威者拉入其中，也就是管理者，以此想要做个公平了断。在你没有经过深思熟虑之前，绝不可以表明自己的立场，滔滔不绝地发表自己的看法。此外，即便你已经知道了谁对谁错，也不可大张旗鼓地宣判，这样必定会使一个当事人受伤。此时适当的沉默才是你最好的选择，待到双方头脑冷静后，你再公正地做出评价，其效果必定会事半功倍。

和犯了错的员工交流：适当的沉默、宁静可以起到"此时无声胜有声"的作用。通常来讲，当你批评员工时，他的情绪波动是很大的。也许你只是想苦口婆心地劝导他一番，并无他意。但是无形中你却伤了员工们的自尊心，让他们觉得颜面挂不住，索性产生了"破罐子破摔"的心理，那你的批评岂不是得不偿失？所以，在你的适度批评之后保持一个沉默的空间，让他有时间冷静地想想自己的所作所为，相信这更是一种对当事人的威慑。一方面，员工会因为你的“点到为止”而感谢你为他们保留了颜面，另一方面也显示出了你宽广的胸怀。你的默不作声并非是对错误的迁就，而是留给了对方一个自省的余地。

对于那些喜欢搬弄是非的人：对待他们，最好的办法也是保持沉默，让他们随意去说。这时沉默并不是对搬弄是非者的纵容，而是在一定程度上制止了是非的蔓延。试想，如果你对那些“长舌妇”的小道消息表示出了兴趣，他们一定会更加肆无忌惮地渲染，必定会闹得满城风雨，良好的人际关系会被搅得一塌糊涂。而若是你选择了沉默，他们口干舌燥之后发现你的无动于衷，最后必定会索然无味地从你身边走开，是非也就失去了传播的源头。

由此可见，管理者在沟通过程中，适时的沉默是很有必要的。那些专门研究谈话节奏的学者们认为，有张有弛的谈话所起到的作用最大，沉默在沟通中的作用，就如同数学中的“零”，虽然没有任何声响，但却无比的重要。所以，管理者应该用沉默，来让沟通变得更加有效。

☆ 不顾及员工自尊的劝说，毫无成效

古语说：“良言一句三冬暖，恶语伤人六月寒。”管理者和员工之间虽然有等级之分，有地位差别，但是却没有贵贱之分。即便是员工犯了错，也需要管理者选择恰当的方式进行劝说和引导，不可贸然伤害员工的自尊心。否则可能会让劝说的效果变得恶劣，进而影响到

公司下一步的发展计划……心理学家说，一旦管理者伤害了员工的自尊心，就好比覆水难收一般，再想恢复和谐的上下级关系就非常困难了。

在现实生活中，管理者批评和劝告下属是常有的事，但值得注意的是，无论你的出发点有多好，伤人自尊都是大禁忌。如果管理者不分场合把下属骂个狗血淋头，不仅会因为刺伤对方的自尊心而失去一个可用之才，还将对组织中的其他成员带来不好的反面示范，甚至还会给自己带来祸端。

人天性中就有保护自尊心的本能，而当言行失当、办了错事时，更有防卫其自我尊严的倾向。此时，如果有人再以权威者的姿态出现，不顾及自尊地批评他的想法不高明，行动不周密，这时他的防卫倾向会更强。在这种情况下，即使你的语言再精辟、再有哲理，也起不到好的作用，而且还可能会招致对方的憎恶。

泰戈尔说："不是锤的打击，而是水的载歌载舞使鹅卵石趋于完美。"疾声厉色的指责、批评，就是"锤的打击"，它不会使对方更趋完美，它换来的只是相互撞击后愤怒的火花，破坏双方良好的关系。即使你拥有发号施令的权力，如果不讲究说话方式，也很难让别人心悦诚服地服从你。

小王是一家建筑公司的安全管理人员，检查工地上的工人有没有戴上安全帽是他的职责之一。每当发现有工人在工作时不戴安全帽，他便会用职位上的权威要求工人改正，他批评别人说："你，怎么又没戴安全帽，给我回去，戴好安全帽再上工，反了你了……还有你，安全帽怎么戴的？给我规规矩矩戴好，否则记你旷工……"小王的批评激起了工人的逆反心理，其效果可想而知。后来，小王决定改变方式。这回他看见有工人不戴安全帽时，便问帽子是否戴起来不舒服，或是帽子尺寸是否不合适，并且用愉快的声调提醒工人戴安全帽的重要性，然后要求他们在工作时最好戴上。这样的效果果然比以前好得多，也没有工人不高兴了。

领导在指出下属的错误时，要给对方留个台阶，这样才能让他既不感到难堪，又不会觉得心里不满，也会容易改变自己原本的做法。大多数人都是通情达理的人，只要能照顾对方的自尊心，对方一般都能欣然接受。

中国有一句老话说："良药苦口利于病，忠言逆耳利于行。"利于病、利于行固然是一件好事，但为什么非要苦口、非要逆耳呢？真正善于劝导别人的人，往往能够顾及别人的自尊心，选择恰当的说话方式，即使是批评他人，也能够做到"忠言不逆耳"，老少都爱听。

有的管理者可能会辩解说："并不是我喜欢伤人自尊，而是他们的态度实在太恶劣了，一点悔过的意思都没有。我这才忍不住说他的。"这并不是不能理解的。但是，如果有必要指责其态度时，只要针对他的恶劣态度加以警戒即可。每次针对一件事能收到比较好的效果。集合许多事时，目标分散了，对方反而印象不深。

第7章

权力分配：管得少就是管得好，授权比命令更有效

权力授给谁，是管理者必须认真考虑的一个重要问题。在管理者做出决定之前，你必须从多方面来考察衡量。作为管理者应该明白，权力分配不是利益分配，不是荣誉照顾，而是为了把事情办好，以求产生其巨大而积极的效应。

☆ 不要事无巨细，管理的成效反而越好

心理学家最新研究表明，人们的感性比理性更有助于进行商业活动。很多管理者都将目光放在了可量化的目标上，只专注于短期的目标而忽视了长远的利益。这也致使管理的方法不仅仅没有成效，甚至还会和管理目标渐行渐远。同样，也有很多令众人惊呼的新型管理方式，比如一些小的奖励却比丰厚的奖励更具有激励作用。

因为，现在社会中，人们都处于一个以心理为基础的世界观中，当管理者将权力下放给员工并给予一定的信任时，员工工作的心理动机就由外在变成了内在，由被动变成了主动，而员工的工作效率也在这种过程中发生了巨大的改变。

所以，一个英明的管理者，往往是带领下属完成任务的领头羊，而不是通过个人能力实现目标的孤胆英雄。我们也可以知道，管理者管得多未必是好事，最好的管理就是“无为而治”，少管精管，给员工足够的自由度，重视下属积极性与创造性的发挥，让管理回归简单。

其实这种方式早在两千多年前我国的老子就提出了，老子认为，做到了无为，实际上也就是有为；不仅是有为，而且是有大为。老子所提倡的“无为”与“清静”有三个方面的内容：第一，不要实行令下属负担很重的任务；第二，应该尽量少施行命令或指示；第三，对下属的各种活动尽量避免介入或干涉。

“无为而治”的道家政治哲学主要是说，统治者应尽量克制欲望，不要劳民扰民，对政事少干预，顺其自然，垂拱而治，这样做就会收到“无为而无不为”的效果，使社会得到大治。后来，他们进一步把这一原则用在君臣关系方面，于是便发展成一套颇具特色的帝王统御学。

这一帝王统御学的内容，首先是指君主不要亲自处理政务，而是指挥臣下干一切事情，使自己处在虚静无为的地位，垂拱而治。君主逞能恃才，事必躬亲，其实并不表明君主的聪明，反倒表现出君主的无本事和低能。法家也认为，如果人君亲自处理一切政务，这是代臣下蒙劳负任，而臣下反而无所事事，享受安逸。这样，君主就把自己降到臣下的地位了。另外，君主处处争先逞能，容易把自己的一切长短优劣都暴露给臣下，而使君主失去主动权，处于被动的尴尬地位。君主的职责是用臣，而不是代臣下办事。善于任用和指挥天下最有才智的人为其尽力，这才是最高明的统治艺术。

在管理方面，要相信“少就是多”的哲学：你抓得少些，反而收获就多了。

可见，“无为而治”的更深一层意思是管理者要懂得分离职权，为下属创造一个宽松的办公环境。

如果管理者事必躬亲，连细枝末节、鸡毛蒜皮的小事都要过问、干涉，不但会打击下属士气，自己也会累得挺不住。合理授权则可以使管理者从繁杂的事务中解放出来，不被琐事缠绕，集中精力解决企业战略发展和重大问题决策的事情。

中国台湾奇美公司是一家生产石化产品的企业，该企业的生产力是同行企业的4倍。其产品质量之高、价格之低让同行的美国和日本企业都畏之如虎。公司想要投资的地方，众多的美日厂商都会退避三舍，不敢与之竞争。

为什么奇美公司有如此强大的竞争力呢？这得益于公司董事长许文龙“无为而治”的管理方式。虽然许文龙挂着董事长的头衔，但这是一个十足的虚名，他就像英国女王一样，对企业内部的大小事，根本就不参与，而是全部授权给部属。许文龙几乎不做任何书面的指令，即使偶尔和主管们开会，也只是闲聊家常。很多时候，他甚至根本不知道公司的图章放在哪里，更奇怪的是，他连专门的办公室都没有。因为他很少在办公室，而是经常开车去外面钓鱼。

有一次，他在外面钓鱼时，突然遇到大雨，于是他就开车去公司避一避雨。当员工看到他时，不解地问道：“董事长，没有事你来干什么？”他想了想说：“对呀！没事来这干什么？”说完，一溜烟地开车离去了。

当然，“无为”并不是什么都不做，别看许文龙什么都不做，实际上他对奇美的发展情况心明如镜。“无为”是将职权分离出去，让企业在制度、文化的规范下，非常自然有效地运行，就像钟表上了发条，尽管你不在钟表旁，但是它不会因为你的离开而停止运行，使你在简约中享受工作、享受生活。

☆ 放下权力，就可以收上人心

经营企业就是经营人心。如何赢得员工的心，使他们自觉地为组织的共同目标奋斗，是管理者水平的重要体现。当然，方法有很多，其中，授权就是有效的一种。如果下属有能力去执行任务，管理者应赋予他们一定的权力，不干预或牵制他们的行动。这样，管理者就可以调动下属的积极性、发挥下属的才能，促进工作任务的完成。

放下权力，收上人心，说白了就是管理者和员工的一种等价交换。一点权力的施予，不但是管理者的自我松绑，更是一种赢得人心的需要。而事实也证明，合理的授权能大大调动下属的工作积极性，提高管理效率。放一点权力给员工，这比加薪水更让他们觉得舒服。

从心理学角度上讲，授权予下可以满足员工的高层次需求。如今，人们的温饱问题得以解决，生理需要得到满足之后，转而追求更多的高层次需要。在这种情况下，管理者需要关注下属的心理感受和愿望，给予一个人权力，也就相当于为他的成长提供了机会，他会觉得，你确实对他的事业发展感兴趣，而不是不闻不问。这足以激起他的斗志，使其全身心投入工作中去，格外努力地去成功完成你授权的任务，让你、让自己都满意。

从另一方面讲，手中有了权力才有工作的能力。这是一条颠扑不破的真理。士兵有了开枪的权力，才能奋勇杀敌；推销员有了选择客户的权力，才能卖出货物。如果管理者把这些权力死死地握在手中，而不将其授予员工，那么这些权力的效力也就无法得到释放。

有些管理者不喜欢把重要的事务交给下属，是担心出差错。其实这种担忧往往是多余的，管理者如果真正地下放给下属一些权力，让下属承担一定的责任，多为下属制造一些机会，会在很大程度上激发下属的潜力，完成你认为他们完不成的工作。即使一个下属出了差错，你的团队的整个运营状况也不会受到太大的影响，下属自动自发地承担责任的心理反而会更加强烈。

给下属一点权力吧！这是一种高明的收心术，对员工而言，就像过生日的女孩收到一块大蛋糕和999朵玫瑰一样体面而让人心动。

这是领导普照在下属身上的温暖阳光——如果管理者可以自诩为太阳的话。

☆ 信任的委托是有效授权的基础

松下幸之助便是一个深谙授权艺术的管理者。

1926年，松下幸之助想要在日本的金泽开设一家办事处，于是他叫来一个年仅19岁的年轻人，并对他说："我们公司想要在金泽开设办事处，我希望你可以去主持这项工作，而且要立即去。你要赶快找到合适的地方，找到租住的房子，资金已经为你全部准备好了，你拿着去主持这项工作吧。"

这个年轻人非常的惊讶，他告诉松下幸之助，自己非常年轻，经验有限，恐怕无法胜任这项工作。不过松下幸之助倒是非常有信心，而且鼓励年轻人说："你可以做到，相信我。"

这个年轻人刚到金泽，便立刻投入工作，并且每天向松下幸之助汇报工作。第二年，松下幸之助路过金泽办事处，年轻人便带着员工邀请他前去视察工作。最后松下幸之助为了表示对他的信任，对他说："你每天给我汇报就可以了。我相信你。"就这样，金泽办事处在年轻人的管理下，效益越来越好，也松下集团带来了巨额的利润。

松下幸之助在谈到这件事情的时候说："我授权给了别人并信任他的方法，还从来没有失败过。信任自己的员工，用权力去激励他们，是一个很重要的方法。”

故事中的松下幸之助，除了每天听取年轻人的工作汇报外，其他的几乎全权不问，让年轻人自己决定。这样一来，他既给了员工所需要的信任感，也没有忽略对工作的监督，才有了之后的成果。

古语说："明主好要，暗主好详。主好要则百事详，主好详则百事荒。"意思是说，**聪明的管理者善于抓纲领，愚蠢的管理者喜欢事无巨细**。抓纲领的管理者能够落实一切事情；事无巨细的管理者则百事都会荒废。

由此，信任下属，首先要相信下属的能力。事业的成功与否，在很大程度上，取决于管理者用人的态度。试想一下，使用一个人，又怀疑他，对其不放心，是一种什么局面？在你的公司里，如果下属得不到你起码的信任，其工作状态会怎样？从事管理、销售、科研角色的下属，容易遭人非议，管理者要谨慎对待各方面的反映，不因少数人的流言蜚语而左右摇摆，不因下属的小节而止信生疑，更不宜捕风捉影，无端地怀疑，要相信他们能够完成任务。

☆ 因事择人，视德授权

权力授给谁，是管理者必须认真考虑的一个重要问题。在管理者做出决定之前，你必须从多方面来考察衡量。授权不是利益分配，不是荣誉照顾，而是为了把事情办好，因此要选择思想品质端正、有事业心和责任心、有相应才能的人，授之以权。即授权应遵循一条最根本的准则——视德才授权。而不能让那些削尖脑袋、投机钻营的人骗取权力，以达到其不可告人的目的。对此，管理者要想使授权产生其巨大而积极的效应，就必须对被授权对象精挑细选。

那么，管理者应该把权力分配到哪些人手里呢？

1. 上司不在时能负起留守职责的人

员工有有责任心的，也有没有责任心的。有些部属在上司不在的时候，总是精神松懈，忘了应尽的责任。例如，下班铃一响就赶着回家，或是办公时间内借故外出，长时间不回。

按理，上司不在，部属就该担负起留守的责任。当上司回来，向他报告他不在时发生的事以及处理的经过。如果有代上司行使职权的事，管理者就应该将它记录下来，事后提出详尽的报告。这样的部属是可以授权给他的。

2. 代表他所负责的团队

对部属而言，部属是他所在团队的代表人。他是处在上司与员工之间的角色。从这个立场而言，部属必须做到：把上级的方针与命令彻底灌输给员工，尽其全力实现上级的方针与命令。随时关心员工的愿望，洞悉员工的不满，以员工利益代表人的身份，将他们的愿望和不满正确地反映给上级，以实现员工的合理利益而努力。

处在上级与员工之间，往往使部属觉得左右为难。但是，他务必冷静地判断双方的立场，设法取得调和。

3. 执行力比较强的人

一般说来，管理者下达的命令无论如何也得全力以赴，忠实执行。这是部属必须严守的第一大原则。如果部属的意见与上司的意见相左，

当然可以先陈述他的意见。陈述之后领导仍然不接受，就要服从上司的意见。

有些部属在自己的意见不被采纳时，抱着自暴自弃的态度去做事，这样的人没有资格成为上司的辅佐人。

4. 做上司的代办人

接受权力的部属必须是上司的代办人。纵然上司的见解与自己的见解不同，上司一旦有新决定，部属就要把这个决定当做自己的决定，向员工或是外界人作详尽的解释。

5. 知道自己权限的人

混淆职责界限，是职场中的大忌。如果发生某种问题，而且又是自己权限之外的事，就不能拖拖拉拉，应该立刻向上司请示。超过顶头上司与更高一级领导交涉、协调，等于把上司架空，也破坏了命令系统，应该列为禁忌。非得越级与上级联络、协调的时候，原则上也要先跟顶头上司打个招呼，获得认可。能做到这一点的人，才可以授权给他。

6. 勇于承担责任的人

有些部属在自己负责的工作发生错失或延误的时候，总是要找出许多的理由。这种将责任推卸得一干二净的人，实在不能授权给他。

部属负责的工作，可说是由上司赋予全责，不管原因何在，部属必须为错失负起全责。他顶多只能对上司说一声：“是我领导不力，督促不够。”如果上司问起错失的原因，必须据实说明，而不是找一大堆借口辩解。有些部属在上司指出缺点的时候，总是把责任推到他的下级身上说：“那是某某干的好事。”把责任推给下级，并不能免除他的责任。一个受权的部属必须有“功归部属，失败由我负全责”的胸怀与度量才行。

所以，领导者在授权给下属时，一定要充分考虑下属的这些方面，在综合的比较中，择优录取，才能找到适合的受权者，为自己分担工作量，提高公司的效益。

第8章

责任落实：清晰界定权责范围，减少企业内部矛盾

权与责是相伴而生的，但是在权力与责任之间，人们总是倾向于追逐权力而逃避责任，这是人类共有的趋利避害的心理特征。管理者要有效解决权责相应的问题，避免下属滥用权力，使各项工作执行到位，保证整体的良性运作。

☆ 授权不授责，权力会滥用

老子说："有无相生，难易相成，长短相形，高下相倾，音声相和，前后相随"，意思是说，任何事物都是通过矛盾双方的相互作用而成的。将这句话运用在管理中，意为授予了权力，也应该授予相应的责任，二者监督才能够更好地管理。所以，作为领导者，一定要搞清楚授权和责任之间的负责关系，这也是领导艺术的最为重要的课程之一。

> 划分责任是授权最基础和重要的一个环节，完全不授责的授权不是真正意义上的授权。

不过，在现实生活中，有些管理者提倡"授权不授责"的观点，认为管理者应该只赋予下属权力，不应当让下属承担责任，否则就会影响下属的积极性，让下属放不开手脚。

一个人得到某种权力，他就要承担一种相应的责任。笼统地说"授权不授责"会给滥用职权制造机会，也会给执行不力提供借口。

任何一项工作，任何一件事情，必须在授权的同时锁定责任。授权和授责如同硬币的两个面，相辅相成，缺一不可。授权就如同放风筝，放能使风筝飞得高，收能使风筝不至于飞走，这个"收"就是授责，就是风筝线。如果没有"线"的约束，想让风筝朝着你设定的方向飞，简直是不可能的。

有效授权必须确保权责任相应。对被授权者而言，权责相应为做好工作提供了必要条件，同时也对被授权者从两个方面进行约束：一是不能滥用权力；二是强调了被授权者的责任，在其位要担其责。责任是贯穿整个行动计划的关键，只有每个成员都担负起自己的责任，才能保证整体的良性运作。

授权时，管理者必须对被授权人明确其责任和权力范围，使被授权人有一定的职、权、责、利，向下属明确交代所授权事项的责任范围、完成标准和权力范围，让他们清楚地知道自己有什么样的权力，有多大的权力，同时要承担什么样的责任，达到的目标标准是什么，到时如何奖惩等。在一开始，就让被授权者明白自己权力和责任的限度。被授权者只能在其职权范围内行使权力，不得越界；而在其职能范围内的问题不得上推下卸。管理者对被授权者的工作也不得过多干涉。

这一点非常重要。只有当知道自己可以做哪些事情之后，你才可能进行这项工作。在开始进行这项工作之前，首先花费些时间弄清楚这一点。其他人也许希望知道些什么？我可以获得其他人的帮助吗？我可以自由支出经费吗？是否有一些工具和设备可以为我所用？我需要获得哪些批准以进行此事？

权责相应不仅是指有权力也有责任，而且指权力和责任应该相等。如果下属的职责大于他的权力，他就要为自己一些力所不及的事情承担责任，自然会引起下属的不满；如果下属的职责小于他的权力，他就有条件用自己的权力去做职责以外的事情，导致管理上的混乱。

☆ 提供指导不代做

管理者授权之后，对于下属在工作过程中遇到的各种问题，或者是他不知道该怎么做，或者你发现他做得并不好，管理者无疑是应该提供一些指导，但这并不意味着你我不分，更不是把它变成自己的工作。如果不注意这个问题，就会出现所描述的情景：下属的责任会跑到你身上。

回想一下，我们是不是常常会碰到这样的情况：

> 不要把下属的事情，帮成你自己的事情。

早上，当你推开公司大门时，有位下属迎面上来问：“您昨天布置我们做的事，现在出了点问题，您看这个事情怎么解决？”

在通常的情况下，你会如何回答？比较常用的回答方式是两种：一种是，“我想一想，一会儿再告诉你”；另外一种是，“这件事应当如何如何处理”。

我们每天都会碰到大量这类事，但你想过没有，这可能是下属“逃避责任”或“回避风险”的所为。

让我们来分析一下。

比如下属请示你的时候，如果你的回答是第一种：“我想一想，一会儿再告诉你。”那么半小时后，你会发现这个下属就站在你的门口，敲你的门说：“领导，这个问题您考虑得怎么样了？”

注意，本来这个问题是需要他解决的，应当是你去检查他完成得怎么样了，可现在是什么情况呢？现在是他来问你：“您考虑得怎么样了？”

第二种情况下又如何呢？

几天之后你过去检查结果，发现出了问题，于是你很不高兴地问：“这个事情你怎么做成这个样子了？”下属也会很快回答你：“那不是您告诉我这样去做的吗？”

在这种情况下，是你管理他，还是他管理你呢？

从心理学角度看，我们每一个人的本性里，始终都在重复一个主题，这个主题就是“回避风险”。每个人有自己的工作和责任。如果你在指导下属时不注意方式，转眼之间，责任就会跑到你身上。

企业里一个常见的现象就是高层做中层的事情，中层做基层的事情，管理者都忙得不可开交，而基层人员却无事可做，于是就开始对企业发展“指点江山”，对领导工作“评头论足”。

美国著名的管理顾问比尔·翁肯曾提出过一个很有趣的理论——“背上的猴子”，与这条有异曲同工之妙。在这一理论中，“猴子”就是指组织成员的各种责任。对于任何一个组织来说，每个成员都有自己的责任，当他们加入组织以后，管理者就分配给他们不同的“猴子”。组织成员的工作就是喂养自己的“猴子”。然而很多管理者却在这一问题上跌了跟头。他们常常或主动或被动地替下属“背猴子”，并且亲自喂养，最后导致责任转移。

管理者要谨防工作中各种“背猴子”的情况，因为“猴子”总会不经意间就跳到管理者的背上。所以当你忙得晕头转向的时候，请停下来反思一下：我是不是养了一堆别人的“猴子”？

在工作中，责任是贯穿在整个过程中的，责任划分是起点，责任承担是过程，责任完成是结果。管理制度要把责任锁定，“猴子”原来在谁的身上，它都应该被锁定在原来责任人的身上，不能允许它跳来跳去。

最佳指导是提出具体的问题启发他，而不是给出答案。有时候，下属在沟通之前没有想清楚，在领导的启发下，他们很快就会理清思

路，找到答案。还有的时候，下属自己有了成熟的思路，但是为了不承担责任，自己不决策，找到领导，让领导做决定。此时，管理者不要被迷惑，还是要通过提问，让下属说出答案和决定，把猴子还给下属。就像李嘉诚说的那样："当你工作遇到问题的时候，请你给我三个解决方案，最好告诉我哪一个方案最好。"

☆ 明确责任，让"猴子"各就各位

作为管理者，在给下属授权或设置岗位时，一定要明晰责任的具体事项和内容，使责任一对一，让"猴子"各就各位。

有些管理者在这个工作层面上的认识往往有偏差，总以为只要把工作任务布置下去，或把人安排到某个岗位上去，他们应该知道责任，没有必要做过多的强调。结果就会像所描述的，有功劳时大家你争我抢，出现问题时互相推诿。

有这样一个有趣而且很有启发意义的案例：

在一家企业的季度考评会上，营销部门的经理A说："最近销售做得不太理想，我们部门当然有一定责任，但是最主要的责任不在我们，而是竞争对手纷纷推出新产品，比我们的产品有竞争力，所以我们不好开拓市场，研发部门要认真总结。"

研发部门经理B说："A经理说得的确没错，我们最近推出的新产品确实是少了些，但是我们也是迫不得已呀，因为我们的预算很少，可就是这少得可怜的预算，也被财务部门给削减了！”

财务经理C说：“不错，我是削减了你的预算，但是你知道吗，公司的采购成本也在不断地上升，我们当然没有多少钱。”

采购经理D忍不住也抱怨起来：“采购成本是上升了10%，可是原因在哪里你们知道吗？俄罗斯的一个生产铬的矿山爆炸了，导致不锈钢的价格上升。”

总经理最后说：“哦，原来如此呀，销售不好是因为俄罗斯的矿山爆炸了，你们大家就都没有责任了。这样说来，我只好去考核俄罗斯的矿山了！”

为什么会出现这种互相推诿、谁也不愿意承担责任的现象？一个非常重要的原因，就是组织内部的责任不清晰。可以想象一下，如果一项任务分工明晰，每个人都有自己明确而具体的责任，那么想推卸责任是不容易的。

每一个工作人员都应该履行自己的职责，为企业做出贡献和为自己的行为承担后果。只有每个人的责任都清晰明确，大家才会将这份责任落实到日常工作的每一次实际行动上，通过行动产生结果，努力为公司企业创造出价值和效益。有责任，就不会有遗忘；有责任，什么阻力都会想办法克服；有责任，就能够做到高效；有责任，就不会找借口。

要想把人管好，把事理顺，就必须指定一个人主抓一件事，将责任分担到每一个具体人身上，一件事指定一个人负责。否则，就有可能出现“三个和尚没水喝”的情况，你指望他，他指望你，拖延推诿，最后出了差错没有人负责，造成损失了也找不出根源。

责任清晰明确就是一对一责任，任何事情都要有责任人，出了问题都要有人承担，很多事情执行不到位就是责任没有落实到人。

南京城墙是我国保存比较完整的古城墙，也是世界上现存的最大的古代砖墙。考古学员考察南京城墙之所以保存完整，其根本原因是质量，质量好的关键因素是砖的合格。南京城墙所用的砖都是由长江中下游附近的150多个府、县烧制，那当时是怎样确保每块砖的质量呢？是明确责任，南京城墙每块砖的侧面都刻有铭文，除时间和州府名称外还有四个人名：分别是监造官、烧窑匠、制砖人、提调官。在验收砖的时候出现问题，在哪个环节出现的就找哪个环节的责任人。规格错误是监造官的责任，运输损毁是提调官的责任，在制砖的过程中每个环节都锁定了责任人，才使得城砖质量上佳。以至于南京城屹立千年的风雨而不倒。

> 执行要到位，责任先到位；
> 责任一缺位，结果必缺位。

由此可见，在任何时候，使责任清晰明确，都是获得理想结果的有力保障。企业中的每一个工作目标都是具体的，分解到每一个岗位、每一个责任人的责任也都应该是具体的，这样便可避免疏忽和懈怠责任的现象。因此，提防这条发生在自己的团队里，管理者就要做到明确责任，使每个环节都有人承担，确保只要一出现问题就能快速找到责任人。

☆ 给员工贯彻“我”的意识

责任必须一对一，每件事的责任都必须落实到具体的某个人头上。实践告诉我们，如果一件事由多人负责，会使大家的责任感降低，最后导致无人负责。

这条可以用管理学上的责任稀释定律来解释：**责任在人多的环境中，就会像化学溶剂一样会被稀释，如果是单个个体被要求单独完成任务，责任感就会很强，会作出积极的反应**。但如果是要求一个群体共同完成任务，群体中的每个个体的责任感就会很弱，面对困难或遇到责任往往会退缩。

这是一个真实的故事：

1964 年 3 月，在纽约的郊外某公寓前，发生了一起震惊全美的凶杀案。

在凌晨 3 点的时候，一位年轻的酒吧女经理被一个杀人狂杀死。女经理喊叫时间长达半个小时，附近住户中有 38 人看到或听到女经理被刺的情况和反复的呼救声，但没有一个人出来帮助她，也没有一个人及时给警察打电话。

事后，美国大小媒体同声谴责纽约人的异化与冷漠。

然而，两位年轻的心理学家——巴利与拉塔内并没有认同这些说法。对于旁观者们的无动于衷，他们认为还有更好的解释。为了证明自己的假设，他们专门为此进行了一项试验。

他们让一个人在大街上模拟癫痫病发作，当只有一个旁观者在场时，病人得到帮助的概率是85%，而有四个旁观者时，他得到帮助的概率则降低到31%。

在另外一次实验中，他们让一座建筑物的门底冒烟，只有一个人的时候，这个人会有75%的概率报警。然而同样的冒烟事件中，如果看见冒烟的人是三个人，报警的概率就会降到38%。

这样的实验结果似乎与我们的常识恰恰相反。在我们看来，千斤重担众人挑，人多，出现问题的时候，自然就越容易解决。但科学实验得出的结论与我们的常识相反：在人越多的情况下，问题得以解决的可能性越小。

每个人都知道事情很重要，但是没有人会主动承担没有指向"我"的责任。

为什么？因为人越多的情况下，人越感到这件事与我无关。因为，人人都会认为他人可做，每一个人的责任感都会降低，每一个人都以为责任是别人的，结果却是没有人担负起责任来。

所以管理者千万别认为人越多，问题越容易被解决掉。问题只有分解到个人，才会被解决。如果你认为重要的事 = 大家做，大家做 = 人人做；那么到了员工那里就会被解读成：大家做 = 别人做，别人做 = 我不做。结果就是，大家做 = 没人做！

应该说，谁的工作谁做，谁的责任谁负，这是现代市场经济运行的基本法则，也是我们应该树立的新的思维方式。当初，人们提出“人人有责”口号时，其本义无外乎是强调某件事情的重要性，希望大家都能予以关注；但过分强调集体中每一人都负有责任，而有意淡化首要责任者的责任，“人人有责”就很容易演变成为“人人无责”，这显然有悖于“人人有责”的本义。只有每项工作都能责任到人，形成一对一的责任，才能真正确保企业的工作富有成效。

☆ 赋予责任要顺应人的本性

搞管理要懂人的心理，要理解和掌握人性中所共有的特征。比如趋利避害是人类的本能，也是地球上所有生物能够生存并繁衍的前提。无论是个人还是组织，都有其利益的追求，而怎样让责任顺应这种本性，让管理目标得以实现，是管理者需要深思的问题。

企业的一个重要功能就是要有效地利用其成员的利己心，在不断满足其利益愿望的同时输入责任要求，使责任的目的得以充分实现。

人的本能是在得到什么才会去做什么，或者将失去什么才会避免做什么。如果一个组织希望其成员承担责任，但责任人却不能得到相应契约或者心理价值回报，所谓责任就会变得非常脆弱，乃至被抛弃。

> 趋利避害是人的自然属性，无法通过教育、号召彻底改变，也无须改变。

很多情况下，我们在强调责任心的时候，一味地注重条条框框，而恰恰忽略了员工的自身因素，这样员工就很难充分发挥自身的能动性。心理学研究显示，如果把实现目标应当承担的责任与人们的切身利益联系在一起，就比较容易实现目标。

有一家专门从事大型工程装修的企业，有一个问题一直困扰公司管理层：公司配备给员工的装修工具总是不够，不仅丢失率高，而且工具损坏率也高，既影响工作的开展，同时公司也为此支付了高昂的费用。

为此公司想了很多办法来解决这个问题，包括工具借用登记，检

查和维修，可惜每次都不了了之，浪费了公司大量人力和物力，最终也未能从根本上解决问题。

公司的领导人胡总不断摸索，最后决定采用一套新的工具管理策略：工程队和员工可以自己购买电动工具，所有权归购买人，费用由公司和个人各出一半。员工反应积极，经过半年的试运营，实施效果良好，有近一半的员工都购买了自己的工具，工具丢失和损坏的情况有了很大改善，使用效率也得到相当程度的提高。但问题还是没有得到彻底解决，因为工具仍然在丢失。

于是，公司进一步做出决定：电动工具由工人自己购买，然后公司每日补贴1元，所有权仍归个人所有。从而把权力、责任和利益一起都交给了一线工人。

从此，公司电动工具的使用情况出乎意料的好，解决了多年以来一直未能解决的、令人头痛的问题。

如果没有把责任和个人利益挂起钩来，人们就没有动力去负责。人们永远不会心安理得地接受强迫的改变。所以，在这里提醒管理者，在对员工进行责任输入时，要考虑顺从人的本性，而不是力图改变这种本性。

人性是用来尊重的，不是用来改变的。如果谁妄图改变人性，就是对人性的践踏，最终失败的一定不是别人，而是自己。作为管理者，不能不认识到人类自利的本性，并巧妙利用人性的这一特点。

仔细想想，为什么很多制度、计划在执行的过程中虎头蛇尾，或不了了之？

如果我们做了很多努力都不能让执行者扛起责任，那么，真正要改变的是我们的思维方式，顺应人的本性才是让责任落实到位是真正的出路。员工的行为如果仅仅是为了完成任务，而与自身利益没有直接的关系，结果如何往往只取决于员工的责任心。当员工的责任与自身的利益有某种联系的时候，情况才会有很大的改观，从而使组织与成员之间创造出一个互利互动的双赢局面。

当然，责任与利益的挂钩是有一个限度，如果超出这个度，就可能出现如“钓鱼执法”，或滥用职权等行为。因此，责任与利益怎样挂钩也需要创造性地思考。

第9章

科学监督：有效的监督机制，可永葆企业长久生命力

在企业管理中，监督是不可忽视的一个环节，没有了监督就不可能存在完善的公司治理制度，更不可能拥有持久的工作效率和长久的生命力。所以，在管理过程中，管理者要不断地跟进、监督、检查，以确保各项工作按时完成。

☆ 用人不疑，并不是管理中的“主旋律”

用人不疑是人们津津乐道的管理之道，但管理者必须清醒地认识到，“用人不疑”只是一种境界而不是一个理念。管理者在对下属的信任问题上，怀疑常常是“主旋律”，而信任只是策略性的、战术上的。

实际上，“用人不疑”应该包含两方面的内容：第一是真的知人而不疑，由于太了解一个人了，所以不必怀疑；第二是以不疑的态度或表现去对待下属。事实上，任何一位管理者，在用人的过程中，很少能够做到真正的不疑，他们始终都还是在观察手下的人，确保人和事处于可控状态，一旦事情的发展即将偏离预期的轨道，就需要立即采取必要措施，将问题扼杀在摇篮里。

所以说，**管理中可能有不信任的控制，但绝不存在没有控制的信任**。信任不是放任，有问题不能视而不见，不能无原则地不管不问。这就像我们前面讲过的授权，授权不等于弃权。在管理者赋予员工信任的时候，要信任也要进行合理的监控，只有这样才能实现真正的合作，取得好的效果。

要使员工积极有效地工作，的确需要信任他们，同时也需要对他们进行适当的制约以及必要的跟进。

适当的制约的表现是：对重要的职能工作应交由两个或两个以上的人同时完成，防止一人独断或舞弊状况发生；设立复核或内部监督部门，定期或不定期地监督某些重要部门的工作；重要岗位的轮换制，防止一人专断和内部小帮派形成；等等。

及时跟进也是一种很常用的制约方法。及时适度地跟进并非不信任某人的表现，相反，这恰恰表明你重视某件事情，所以适度的跟进常常并不会损害员工的工作积极性。当然，跟进一定要注意两点：一是及时，只有在第一时间发现阻碍工作进行的障碍，才能尽快排除障碍，确保工作的顺利进行；二是要注意适度，管理者需要的是跟进计划，而不是去具体执行计划，需要做的是鼓励员工把执行工作落到实处，而不是越权指导，更不是直接插手去执行，否则只会把事情弄得更糟。所以，应掌握跟进的艺术，既保证战略规划得到不折不扣的执行，又不损伤员工的积极性，只有这样才能取得好的效果。

无论是制约还是跟进，一定要保持在合理的范围内，切不可因此而损害他们的积极性和进取心。

☆ 授权要跟进，监管来执行

如果授权了，也把责任机制建立起来了，员工们是不是就能不折不扣地把工作做好了呢？如果你不管不问，只是坐在办公室等汇报，最后你会发现，很多事情都没有做到位，甚至根本没有去做。

有句话说得好：没有跟进的授权，就等于借钱不打借条。这话很有道理。其实借钱不就是授权别人使用你的钱吗？如果你觉得不好意思打借条，那就不要借，否则你授权别人使用你的钱，却没有借条，没有跟进就等于你在鼓励别人不还钱。所以授权不存在授多少权的问题，只存在你能够跟进和监督多少的问题。

员工的素质和态度不会完全相同，作为管理者，必须跟进，跟进，再跟进，密切关注工作进展情况。如果管理者授权后撒手不管，任其自流，事情一般不会朝好的方向发展。

1995年2月27日，有着233年历史的巴林银行倒台了。这家银行拥有四万名员工，在世界的每个角落几乎都有巴林银行的身影，那么它到底是如何垮台的呢?

这些，只因为一个人：李森。巴林银行的一个交易员。

当年，李森28岁，是巴林银行新加坡分行的经理，业绩非常出色。据说他自己之前所创造的利润曾经是其他银行职员的总和。为了表示对李森的信任，巴林银行的董事会赋予了他先斩后奏的权力。但是，令所有人都没有想到的是，正是这条看似重视人才的决定，将巴林银行推向了万劫不复的深渊。

1994年底，在未经董事会批准的情况下，李森便以日本股市将会上扬为由，套汇衍生金融商品交易，希望能够利用不同地区的市场交易差价来获得利润。他购进了价值70亿美元的日本日经股票指数期货后，又做了价值200亿美元的空头交易。这也相当于他将整个巴林银行都压在了日经指数上。

很不幸，1995年1月，日经指数下降到18500点之下。由此，每下降一个点，巴林银行就会损失约200万美元。随着日经指数的进一步下跌，其投入的十几亿美元化为乌有。尽管英格兰银行采取了一系列的措施，但都没能挽救这家有着233年历史的巴林银行。

巴林银行为了显示对人才的重视，授予了李森很大的权力，却没有做好后期的监督，进而使得拥有233年历史的巴林银行成为旧事。

由此可见，跟进是授权过程中的关键。要想让授权的工作执行到位，每次授权都应该建立一个跟进计划，这样才会得到规律性的信息，每天、每周、每月或者其他适当的时间，了解被授权任务的执行情况。从这些跟进中得来的信息，可以使你知道工作进展顺利，还是需要重新调整，以便选择适当的时候介入，使其重上正轨。

按时间来划分，跟进可以分为事前跟进、事中跟进和事后跟进。事前跟进的目的是为了尽量提前发觉潜在的问题，向员工提出预警；事中跟进是在工作进行过程中发现问题，推动问题的解决，并最终找到解决问题的方案，使员工回到正常的轨道中来；事后跟进是指问题出现之后分析问题、找出原因，并提出预防措施，防止员工犯同一个错误。无论是哪一类型的跟进，其目的都是为了向员工传递一个督促、激励和行动的信号，让员工在工作过程中尽可能与计划、制度相一致而少发生偏离，这是提升员工执行力的一大举措和技能，管理者应该在实践中不断摸索、不断总结。

工作跟进要及时。在跟进过程中，如果员工遇到暂时无法解决的难题，管理者应该及时启发、引导、帮助员工学会如何面对和解决，而不是听之任之或等待秋后算账。

☆ 没有自觉性的员工毕竟只是一小部分

不可否认，在现实中，企业里有一部分员工能够自觉、主动地去完成分内甚至是分外的工作，并不需要时刻跟进督促。但管理者也应该清醒地意识到，更多的员工是存在惰性与偷懒心理的，因此，管理者切不可想当然地认为所有的员工都会自动自发去做好各自的工作，必须有相应的监督措施。

监督不力，则执行不力。监督不力有两层意思：一是没人监督，二是监督的方法不对。企业中的各项工作，只要做了，做得好与坏没人管，或者是有些事没有明确规定该由哪些部门去做，职责不明确，所以无法考核与奖惩。

监督能够确保一个组织按照规划的时间进度表去实现目标。不断地跟进和监督，能够有效地发现规划和实际行动之间的差距和问题，并促使管理者采取相应的行动来协调和纠正，以期按时完成阶段性和整体性的目标。如果监督不力，一旦错过了解决问题的有效时机，小问题就会变成大问题。

监督是执行到位的保障，保证各项战略、计划或制度的有效执行，同时对战略、计划或制度本身或实施过程中可能存在的不完善之处进行监督提出改进意见。所有优秀的企业都会去监督工作执行情况。

美国著名快餐大王肯德基的连锁店遍布全球60多个国家和地区，

总数多达9900多个。然而，肯德基总部在万里之外，又怎么能确保它的员工能不折不扣地执行呢？

有一次，上海肯德基有限公司收到三份总公司寄来的鉴定书，对他们外滩快餐厅的工作质量分三次进行了鉴定评分，分别为83、85、88分。公司中方经理为之瞠目结舌，这三个分数是怎么评定的？

原来，肯德基公司雇佣、培训了一批人，让他们佯装顾客，秘密潜入店内进行评分。这些“神秘顾客”来无影去无踪，而且没有时间规律，这就使快餐厅的经理、员工时时感受到某种压力，丝毫不敢懈怠。正是通过这种方式，肯德基在广泛了解到基层实际情况的同时，有效地实行了对员工的工作监督，从而使各项工作落实到位。

“上有政策，下有对策”是很多组织经常遇到的问题。如果缺乏有效的监督，工作难免会被打折扣，这样一级一级的折扣下去，到了基层就没有了紧迫感和约束力。因此，任何一项工作，在贯彻落实过程中的监督必不可少。

> 必须把监督权在行政、经济上独立于被监管者之外，才能保证其有效性、公正性。

加强监督包括两个方面的内容：一是对各级管理者的监督，主要从是否忠于职守，是否徇私舞弊，是否滥用职权，态度是否主动积极、是否获得了预期的结果等方面入手；二是对被管理者的监督，主要是监督被管理者是否实现了预定的目标。这种监督主要是间接的监督，是通过监督被管理人的绩效来检验是否贯彻到底。

为避免干扰，有条件的企业可以建立独立的、具有监督权威的内部监督部门，实行全企业内部审计的垂直管理，提高内部监督部门的独立性。建立有效的报告和纠正机制，可设置监督举报办公室，公布举报热线，接受监督和投诉，并对投诉事项进行记录和调查，从而尽可能地在较早阶段发现并阻止未严格执行制度的行为或者舞弊行为。同时，要不断提高监督人员业务素质，加强各方面技能培训，以保证在监督检查工作中及时准确地发现问题。

☆ 强调什么，检查什么

为什么出现了质量问题才想起来抓质量？为什么出了安全事故才想起来抓安全？为什么公司困难了才想起来节能降耗压缩成本？这一切都是因为我们没有一个好的监督检查机制。

很多时候，员工只会做你检查的事情，而不会去做你希望的事情。但是太多的管理者并不懂得这个道理。通用电器公司前CEO杰克·韦尔奇曾对此感慨道：到现在为止，还有许多领导以为员工对他讲的什么感兴趣，其实员工只对领导检查什么感兴趣。

如果你强调什么，你就应该检查什么，切不可把希望和检查混为一谈。

你不检查就等于你不重视。没有人会十分在意没人去检查的工作或制度，这就自然造成它的可有可无性，既然如此，谁还会花费更多精力去做呢？

有人做过这样的试验：

公司规定车间员工每天对机台设备进行点检并记录相应表单，然后主管每天都去检查并签字审核，偶尔有个别员工没有记录，立即通知改进，连续一个月，都做得很好。

第二个月，主管还是每天检查，但不再签字审核，发现没有记录的也不通知，到月底再去看的时候，大部分的人没有按要求做好。

第三个月，表挂出去到月底看的时候，没有一个能够按要求每天点检记录。

人性中总是有惰性成分的。要使惰性变为勤快，就要督促检查。如果管理者不对工作情况进行检查，势必会影响执行的效果。

大部分企业容易犯的错误是布置任务多、跟进检查少；突击检查多、日常跟进少；口头检查多、实际检查少；表面检查多、具体跟进少。检查和跟进应该成为企业的一项制度，让每个人都严格遵守这样一项制度，让它成为每个人日常工作行为之一。这样，千里之堤，就不会溃于蚁穴。

在跟进和检查面前，执行中的问题会一览无余，潜在的问题会暴露出来，这样才能及时、有效地解决问题，更进一步地推进行动。从这个意义上说，检查的过程，既是暴露问题的过程，也是解决问题的过程。无论遇到任何问题，能够当场解决的就应该立即解决，而不应该回去研究研究；即使遇到复杂的问题难以当场解决，也应该向上级请示后尽快解决、避免拖延。

有人将西方提出的ISO9000管理体系概括为四句话：“**凡是要做的就必须写出规定，凡是规定的就必须去做，凡是做了就要留下记录，凡是有记录的就有人检查。**”强调的也是检查。而六西格玛管理也是引入统计学方法，使检查进一步细化。

检查也是激励员工的需要。没有检查，就无法科学地识别和评估员工工作表现的好坏，最后的评估要么就一视同仁，要么就领导随意主观评定，这两种评估的结果都是不公平的，只有通过检查员工的执行过程和执行结果，才能公平合理地评估工作绩效提供有力依据。

没有检查，对表现好的员工是一种漠视和打击。员工努力工作，争取优异的表现，动力主要无非来自两个方面，一方面是自己兴趣所在或为了实现自我价值；另一方面是为了得到他人的尊重、认可或奖励。不检查就无法知道员工的表现，也就无法有针对性地进行肯定和奖励。如果一个贯彻力很强的员工长期努力工作，可总是得不到认可和奖励，他不会有成就感，工作热情必然会慢慢消退，优异表现慢慢消失，最后一个优秀员工也就慢慢变成了普通员工，甚至变成落后员工。

没有检查，对表现不好的员工也是一种纵容。懒惰的或表现不佳的员工最怕的就是检查，就像学习成绩差的学生怕检查作业一样，如果不检查谁也看不出谁的作业做得好不好，可是一检查，结果一目了然，没好好做作业的学生在学校受到老师批评，回家还要受到家长骂，在同学中也没有面子，自然就怕检查了。如果没有检查，懒惰的或表现不好的员工就没有什么可怕的了，因为他们的不佳表现不会受到任何处罚和指责，因此他们可以浑水摸鱼、滥竽充数，继续不思进取，不求有功但求无过，不认真工作。公司的懒气和邪气得不到遏制，公司自然就没有了执行力。

一个优秀的企业，一定是靠督促、检查来实现对企业的控制的。对于一项工作应该由哪个部门或哪些人负责监督检查，在一开始时就要有明确规定，做到每一项工作都有人管，有人问。要坚决改变那种计划或制度有人定，但是否落实无人查，或想起来查一查，问题严重了查一查的随意现象。实行严格督查，不仅能及时发现和制止工作偏差，还能及时发现褒扬表现优异的员工。

☆ 评定员工的时间消费，拒绝拖延现象

很多人都有做事拖延的毛病，直到最后关头才匆匆忙忙地去做。由于事情是在短时间内赶完的，质量往往不过关。但说起来时，有人还振振有词，说是“没时间做好”。

于是，工作只能延期。

其实，人性本身是放纵、散漫的，表现就是对目标的坚持、时间的控制等做得不到位，事情不能按时按质完成。如果你所管理的团队经常出现拖延的现象，以至于经常影响工作的质量，就需要经常评定员工的时间消费情况。

对员工的时间消费进行评定是加强监控的一个有效方法。如果管理者经常对员工的时间消费进行评定，将更有利于减少不必要的时间浪费，把时间充分利用起来，从而使工作按质按时完成。

1. 了解工作延期的原因

时间消费评定过程中一个颇具价值的要素就是了解重要的工作为什么会延期。任务延期可能是出自多方面的原因：员工可能觉得工作太难或是太枯燥、他们可能害怕失败、或是缺少工作的动力。在评定结果的帮助下，管理者可以了解到造成工作延期的原因，并且在此基础之上找到防止这种情况出现的办法。

2. 减少浪费时间的会议

如果能够对员工们的工作时间安排有更好的了解，管理者能够

将各种会议同员工的工作更好的协调，避免在会议上浪费不必要的时间。哪些会议是有意义的，哪些会议是没有意义的，很容易就能判断出来。

要通过各种方式来提高可行性会议的时间利用率。通过对会议目标、日程和预期的交流可以使所有的与会者对会议内容有更好的了解，更好地进行准备，这样也有利于节省会议时间。

3. 从员工会议上获取更大的价值

员工会议应该定期举行，但是这些会议对时间的浪费有时会令人觉得难以置信。时间评定通常能够使这种状况得到改善。

对所有的小组任务、分配情况、起止时间、预计工期、实际工期以及备注的随时记录可以为员工会议的准备和管理提供一个非常有效的工具。通常要指定专人对会议内容进行记录，适当更新小组工作计划，并且在下一次会议召开之前将所有的有关材料发送到所有的与会者手中。这能够使员工们及时纠正问题，及时对工作计划进行更新，并且为接下来的会议做好准备。

4. 安排新的工作

时间评定过程能够让管理人员了解空闲时间在哪里。新的工作不管是来自哪里——来自项目需求也好、来自操作需求也好、来自小组需求也好，哪怕它就是一个特殊的项目也好——都能够得到很好的安排。时间消费评定过程的不断反复能够让员工更好的预计工作时间，真正能够按照工期完成工作。在需要的情况下，某些任务的工期可以重新规划。项目任务、操作任务和小组任务的时间预计将变得更为实际；企业的项目计划也将得到改进。在此基础之上，很多时间管理问题都能够被避免。

5. 分配工作

时间消费评定的一个好处就是能够使管理人员的工作分配得到改

进。这有助于他们帮助员工更好地完成工作。此外，管理人员能够很清楚地找到适合每项工作的最佳人选。

在每天的工作当中，管理者都要面对大量的评议或要求，这些评议或要求可以是来自公司的经理主管人员、高级管理层、中级管理层、直接领导，也可以是来自分析家和生产线上的工人。为了确保重要的交流能够转化成目标乃至最终的工作成就，某种形式的记录工具同完结工作的能力的结合是最为有效的。

日历、笔记本电脑或是台式机，甚至是简单的记事本都可以用做记录的工具。可以建议你手下的员工应用一种很好的办法，那就是要

立即阐明要求和意见，避免日后在交流上出现误会。

应用了这些技巧之后，你将会发现管理人员和员工在时间管理方面有了明显的改进。员工的工作效率、工作质量和生产力都得到了显著的提高。

第10章

制度约束：规范引导员工的行为，提升企业凝聚力

制度的安排，是企业管理的一个重要手段，也是一项重要标尺，更是领导者抓管理的一个核心内容。凡欲做强做大者，必先建立一套健全的制度，要求任何个人都必须服从，不允许有任何例外。

☆ 失去规则约束，所有的工作将无法进行

任何事物，都要受某种规则的限制。如果我们仔细观察，就可发现，人类的一切活动也都是受到一些规则的限制。规则保证了人类的活动顺利进行，保证了人类的活动能够产生有意义的结果。

可以这么说，**有人的地方就需要有规则，失了规则就无法顺利地活动**。事实确实如此，体育比赛时，得有规则的限制，没有规则，乱打一通，即便是最简单的比赛也无法进行；看电影也要守规矩，如果在场内随意喧哗、走动，电影就没法看；课堂教学，要有人人都应遵守的课堂纪律，如果没有纪律，允许学生走来走去，随便说话，各干自己想干的事，课就上不成。社会经济生活更少不了共同的准则。合法的财产所有权需要保护，买卖双方要遵守交易规则，否则，别人的东西可以随便据为己有，岂不乱了套？

同样，企业想做强做大，必须要有一套有效可行的规则保证发展的顺利进行，有了统一的制度标准，企业的目标才会统一，员工的行为才会一致，各项工作才能有序开展。

而在现代企业管理中，从管理者的角度来说，人是容易产生惰性与贪婪的动物，用人去管人，被管的人累，管人的人更累，而且最终事没有得到处理或做好，被管的人还是按自己的习惯在做事，一样会对被管的人管理的或经手的事务失去掌控。不去用制度约束引导，很

容易出轨，很容易做错事或犯罪。

所以，管理者若想真正地搞好管理，必然要做的工作就是“建章立制”、确定游戏规则。

海尔总裁张瑞敏就是高调推行规章制度的人，他在各种场合讲到海尔的成功经历时，总是不忘提到13条规定，其中包括不准迟到、不准打毛衣、不准在车间内随地大小便……这些看起来很琐碎、细小，简单得令人发笑的规定，确确实实地击中了海尔员工的要害。通过严格管理，这13条管理规定得到了严格的执行，使海尔人的工作面貌有了很大的改善，同时在海尔内部树立了“有规必行”的观念，使规章制度不再是可有可无的摆设。此后，海尔的管理者又逐步推出各种新的细化规章制度，做到了有规可依。逐渐地，海尔的企业管理由无序转向有序，逐步成为一个有执行力的组织，开始了海尔的辉煌之路。

> 你不讲制度，别人就跟你讲条件。

海尔正是靠着这13则制度，才创造了如今的辉煌。而在现实中，有些单位管理者的眼中处处是问题、批评天天挂在嘴上，被管理者一时督促不到就工作走样、错误百出，这些都是一个单位标准不规范、制度不成熟的表现。

一个组织的效能取决于组织的特性而不取决于组织中管理者的特性。如果组织中有健全的制度，就可以取代管理者的大部分作用。这些“领导替代物”的存在可以创造一种使当事人在没有特定管理者的情况下照样可以正确运用权力的环境。因此，我们要把企业各类活动的规律找到，归纳提炼形成一系列的规则，然后通过坚持不懈的训练，使之成为员工的行为模式，甚至成为一种心理习惯，那样管理就回归到简单。

关于“如何经营企业，如何管理员工，以及成功的企业最需要什么”的问题，不同的人有不同的回答。比如有人强调管理者要有创新精神，有人看重充足的资金和高素质的人才，还有人倚仗良好的市场大环境和国家政策的倾斜，等等。这些各有侧重的看法无疑都是正确的，也是一个组织发展所不可或缺的，但这些都只是硬件的要求。

因而制度、流程的因素又是不可忽视的。毕竟任何企业都是关于人的组织，而人的复杂多样的价值取向和行为特质，要求企业必须制定相关的规则，以约束、规范、整合员工的行为，使其达成目的的一致性，最终有助于组织共同利益的实现。因为，经济学关于人性本懒惰自私的假设在商品经济社会里从提高管理效率的角度来说，还是很有道理的。所以，在任何组织里，都需要游戏规则。一个有效的、合理的、适合企业发展的管理制度能规范下属的行为，提高下属的工作效率和质量。

☆ 制度决定一个人的行为

制度是执行的保证，是人们行为恪守的规范。有道是：制度决定一个人的行为。一个组织系统内部有着怎样的作为，制度有着决定性的意义。

为什么“制度决定一个人的行为”？因为不同的制度底下，人的心理是不同的，从而决定了人各种选择行为的成本与收益，根据“经济人”假设的原理，自然，制度也就决定了一个人的行为。

比如说倘若是“干好干坏一个样，干多干少一个样，干和不干一个样”的分配制度，由于干好的成本要高于干坏的成本，干多的成本要高于干少的成本，干的成本要高于不干的成本，自然而然，干坏、干少和不干，就成为人们的理性选择。

> 只有肥沃的土壤，才会培育茂盛的植物；只有健全完善的制度，才能有规范有效的管理。

也正因为如此，美国伯克利加州大学经济系教授、清华大学经济管理学院院长钱颖一曾反复强调过“激励机制”的重要性，因为激励本身，就是一项重要的制度，它可以通过改变成本与收益的比较，从而决定一个人的行为。

可以看出，好的制度对任何组织而言都非常重要。社会的发展是如此，企业也是这样，要生存、要发展，都离不开好的制度。

那么，真正的制度应该具有什么特征？

1. 利益相关性

制度着眼于将目标与执行者的切身利益最大限度地联系在一起，利用人的理性和趋利避害的心理去制约人的弱点，以制度规范管理体系为基本，谋求制度化与人性、制度化与活力的平衡。当员工能够认识到制度是在保护自己的利益时，他们会积极地维护制度，愿意为制度付出；同时自己违反了制度也非常明确自己将会受到怎样的惩罚，需要承担什么样的责任。这样，就能实现制度约束与员工自我约束的有机结合，充分发挥员工的自我管理意识，引导员工主动地服从、愉快地投入、创造性地工作。

2. 权威性

制度必须体现至高无上的权威性。任何个人、任何组织都必须服从制度。必须坚持在制度面前人人平等，不允许有任何特殊与例外——违犯者必须接受制度的惩罚，就算他们违反的目的是为组织或团体赚钱，亦不例外。好制度就是高压线，它高于一切，使生产经营活动有条不紊地进行，使复杂的管理工作有法可依，有章可循，使企业万千之众步调一致。

3. 公平性

制度不因性别、年龄、学历、人情、背景和种族的不同而不同，但因效率的高低决定的贡献并不同，以防止有人不劳而获。

4. 具体性

制度对员工在什么岗位上要做什么都规定得很清楚，能够使员工趋利避害，限制员工的主观随意性、做事的隐蔽性，加强相互监督促进，保证企业正常有序发展。

5. 可操作性

制度定位准确，与企业自身情况和员工现有的接受能力及素质水平相匹配，使大多数员工不至于因达不到要求而失去信心，也不至于因标准过低而产生懈怠心理。

6. 简明性

制度表述简明扼要，使执行者一看就知道怎么执行，员工一看便明白如何遵守。因此，我们在制定制度时要防止行文过于复杂，避免意义表达含糊。

7. 严密性

理想的制度应当在出台前充分考虑到在实施过程中遇到的各种可能的情况与因素，措辞严密，无懈可击。

8. 预防性

建立制度的目的不仅仅是“纠正”，更是为了“预防”：预防其他企业曾经的教训，预防可能发生的错误和可能造成的损失。制度一旦建立起来，必须力求完整全面。对于可能发生的事情，必须提前想到并做出相应的应对措施，如果等到员工做出不合理的行为后再做出规定，那是不公平的，而且也是很没有效率的管理方式。

9. 先进性

制度不拘于现状，而是适度超前，向行业先进企业、标杆企业看齐，满足企业未来发展战略规划需求和未来一定时期内市场竞争需求，又充分兼顾企业的现实状况。

10. 导向性

经营管理理念必须渗透到制度中。制度是企业经营管理理念的体现。但是，许多企业的制度在“体现与渗透”方面做得不好，甚至相互矛盾。例如，绩效管理的导向是促进绩效目标的完成。如果在设计KPI指标时，指标的权重设计不合理（重要指标的权重低，非重要指标的权重高），就有可能使被考核人投入很大精力去完成非重要的工作，而重要工作却完不成。

☆ 同时采用两种标准，企业会陷入混乱

拥有两块以上的手表并不能帮人更准确的判断时间，反而会制造混乱，让看表的人失去对时间的判断。这便是著名的手表定律。而将其应用到企业管理中，就是对同一个员工、同一个组织不可同时采用两种不一样的管理方法，不可同时设定两个不一样的目标，更不可对同一个员工下达不一样的指挥，否则这个企业将会因为目标的不一致而陷入混乱当中。

有这样一则寓言故事：

> 宁愿要一个平庸的将军带领一支军队，也不要两个天才同时领导一支军队。

森林里生活着一群猴子，每天太阳升起的时候它们外出觅食，太阳落山的时候回去休息，日子过得平淡而幸福。

有一天，一名游客在穿越森林时，把手表落在了树下的岩石上，被猴子“猛可”捡到了。聪明的“猛可”很快就搞清了手表的用途。于是，“猛可”成了整个猴群的明星，每只猴子都渐渐习惯向“猛可”请教确切的时间，尤其是阴雨天的时候。整个猴群的作息时间也由“猛可”来决定。“猛可”逐渐建立起自己的威望，后来当

上了猴王。

做了猴王的“猛可”认识到手表给自己带来了机遇与好运，于是它每天努力在森林里寻找，希望能够捡到更多的手表。功夫不负“有心猴”。“猛可”果然又得到了第二块手表。但出乎“猛可”的意料，得到了两块手表却有了麻烦。因为每块手表的时间显示都不尽相同，哪块手表上显示的时间是确切的呢？“猛可”被这个问题难住了。群猴也发现，每当有猴子来询问时间时，“猛可”总是支支吾吾回答不上来，整个猴群的作息时间也因此变得一塌糊涂。“猛可”的威望大降，不久便被推下猴王宝座。“猛可”的收藏品也被新任猴王据为己有。但很快，新任猴王同样面临着“猛可”的困惑。

“猛可”因为无法判别哪一块表的准确时间，而将整个猴群都陷入困惑之中；同样，两种标准同时存在，那么，企业员工也会陷入困惑。由此，在同一个时区，一定只有一种时间是正确的，在同一个公司，同一个时期，也只能有一个标准，否则大家就会陷入两难境地。

所以，一个企业不应该出台两个相互矛盾的标准，除非它是处于制度标准制定前期，或征求意见阶段。就像拿出两块表比较一下，需要验证哪一块表的时间更准确，制度标准也需要比较验证，看是否合理、准确、实用，最后留下的一定是一套制度或标准。因此，常规情况下是不会有两种标准同时存在的。就如同只有一块表，即使显示的时间是错的，你也只能按这个时间做事。但如果给你两块表，时间又不一样，你就无法确定哪一块是正确的时间了。

这条定律带给我们一种非常直观的启发：**对于任何一件事情，不能同时设置两个不同的制度，否则将使这个企业的员工无所适从；对于一个人不能同时选择两种不同的价值观，否则，他的行为将陷于混**

乱。一个人不能由两个以上的人来指挥，否则将使这个人不知所措；而对于一个企业，更是不能同时采用两种不同的管理方法，否则将使这个企业无法发展。

在这方面，“美国在线”与“时代华纳”的合并就是一个典型的案例。

两家企业合并后，人们普遍认为，这代表了传媒业未来的发展方向：渠道服务商和内容供应商的结合方式意味着传统与现代产业相融合的可能。美国在线前董事长史蒂夫·凯斯更是踌躇满志：“这是真正具有历史意义的时刻。我们将从根本上改变人们获取信息、与他人联系、购买商品和娱乐的方式。”

然而，看似光明的前景却被曲折的合并之路所取代。

首先，由于此番合并涉及新老行业前所未有的整合，欧盟和美国联邦贸易委员会审批程序持续了一年。漫长的等待侵蚀了投资者和公众的高涨情绪。而合并后的整合更加举步维艰，将美国式的公司政治上演到了极致。作为传统内容服务商的“时代华纳公司”，尽管拥有成熟的运营模式，但要在短时间内获得较大发展很困难，和当时正处在全球资本市场的追捧之中的“美国在线”相比，形成“老派贵族VS美式经济新贵”的地位差异。况且，“时代华纳”和“美国在线”的制度体系能否顺利实现整合，也是一个疑问。

“美国在线”是一个年轻的互联网公司，企业强调操作灵活、决策迅速，要求一切为快速抢占市场的目标服务。而“时代华纳”在长期的发展过程中强调诚信之道和创新精神。两家企业合并后，企业高级管理层并没有很好地解决两种标准的冲突，导致员工完全搞不清企业未来的发展方向。最终，“时代华纳”与“美国在线”的“世纪联姻”以失败告终。这也充分说明，要让制度得到有效执行并推动企业发展，就不能让两种标准同时存在。

这里需要注意的是，对于制度层面上的管理工作应该一视同仁，比如考勤制度，规定所有员工八点半上班，管你财务部还是人事部的人都不例外，但是对于市场部可能就不能一刀切，我们也知道外勤人员有时出差，可能半夜才到家，你就不能强求第二天准时上班，这就需要有一定的弹性，但是这属于特殊管理，而不是双重标准，双重标准是指针对同一个问题采用不同标准，比如两个业务员都是出差，到深夜两点才回家，第二天都是十点才到公司报到，不能一个不算迟到一个算迟到，这就是标准不一了。

☆ 有制度不执行，比没有制度危害还要大

制度建设对任何企业的发展壮大都具有举足轻重的地位和作用，科学而健全的制度，是制度化管理的基础和前提。而制度的执行则是制度化管理的关键，制度如果得不到有效的执行，就没有生命力，就失去了存在的价值。

> 很多时候，很多事情并不是坏在制度上，而是坏在不执行上。

有的公司制度制定得比较完善，并把制度编制成册，或经常把制度性的标语贴在墙上，但他们只是把规章制度当

做一种“摆设”，把“开会传达、写写笔记、墙上挂挂”，等同于落实，而从未在具体行动上。

制度制定以后关键是执行，再完善的制度，没有人去执行或执行力不到位，就是一堆废话，根本起不到作用。更重要的是，不重执行一旦形成习惯和风气，将会影响整个组织的有效运转。

不少企业，当某员工违反纪律时，有些管理者会因为“心太软”而采取视而不见的态度。

某公司在制度上明文规定员工不能在车间吸烟，结果有一天，一位员工在生产现场吸烟被车间主管遇到了，这位员工也知道在生产现场吸烟是违反制度的，就赶紧把烟灭掉。在随后的一次专题会议上，公司领导重申要遵守工作纪律，不能在车间吸烟，车间主管接着说，某某车间员工在车间吸烟，看到我来了拼命地把烟灭掉。但说完就说完了，公司领导并没有对该员工进行相应的处罚，车间主管也没有采取相应的措施。

大家想想，今后这位员工会不会自觉的不在车间吸烟？或者说下次吸烟没有遇到主管会不会自动地把烟灭掉？如果其他员工也这样，遇到领导来了就灭掉，没有遇到领导来就吞云吐雾、我行我素，那么这个车间必然要出事故。

没有制度是可怕的，有了制度不执行不仅起不到作用，而且还会比没有制度更糟糕。

如果没有制度，我们还可以制定；如果制度不好，我们还可以改善；但如果有了制度，而不去执行，那的确是一件危害很大的事。因为，现实中，有许多管理者认为“这些规定谁都知道”，我没有必要整天把制度挂在嘴边，甚至碰到违反纪律的员工，也是得过且过，能饶则饶。

这样一来，就极容易给大家非常消极的心理暗示，使制度失去应有的约束力和公信力。

所以，公司的制度必须遵循“热炉法则”，不折不扣地执行，任何人触犯规章制度都要受到处罚。制度之威，在于落实与执行。制定一百条制度，不如将一条好的制度执行到位。而不按制度办事，比没有好的制度更加有害。必须把制度建设的“热炉”烧得通红，引导人们强化制度意识、纪律意识，坚决维护规章制度的严肃性和权威性，坚决纠正有令不行、有禁不止的行为，真正使制度成为硬性约束。

对制度进行执行的全过程，实际是实施企业管理的体现。管理的落脚点在于制度的执行，管理的最终效果体现，在于企业的每一名员工自觉遵守制度上。再好的制度，执行不到位，就难以体现其存在的价值，发挥不出应有的效力。相反，一部存在缺陷的规章，如果认真地执行，不断地发现问题，不断地完善，企业也能步上良性的发展轨道。

☆ 管理者不带头，制度也就形同虚设

任何一项制度制定出来，并不是下发完成之后就万事大吉，还需要进行宣传与教育。企业对规章制度的宣传教育工作需要长期进行，成为一种常态。通过宣传教育工作，使员工充分认识企业制度化管理的重要性，强化全体员工的制度观念和制度管理意识，使广大干部员工养成遵守规章制度的习惯。

养成遵守规章制度的习惯，需要一个长期的教育过程；但是要想破坏掉公司规章制度，只需要一个领导者带头破坏，坏的习惯就会像病毒一样扩散。

比如，有一个员工违反了规章制度，管理者没有及时制止和处罚。一方面，就有可能导致这名员工有恃无恐，而再一次违反纪律；另一方面，由于他的行为没有受到处罚，其他员工就会理所当然地认为管理者容许这种事情发生，这样就会出现更多的员工不遵守规章制度。于是，第二次、第三次……违反制度的现象就会接二连三地发生，致使整个部门或公司的管理能力开始下降，出现无序和混乱；然后，微小错误的积累，产生大的管理问题和错误，消费者的服务满意度开始下降；最后，管理者意识到事态严重，开始出手制止，但发现很多细小的错误已经习惯化，员工对突然严加管理不适应、内心抵触，行动上不配合，甚至不理解，开始离职，最终导致团队人心涣散，管理失败。

生活中这样的例子很多：

早晨上班时分，路口人流如织，等红灯的人们焦急地望着交通信号灯，终于有一个性急的小伙子等不及了，开始横穿马路。在这种情况下，如果交警或协警不制止这个“愣头青”，其他人就会像潮水一样紧跟其后，视红灯若无物。一面洁白的墙上，如果出现了第一个“办证”的涂鸦，在不能及时清除的情况下，这面墙很快就会长满“牛皮癣”。……

这种现象可以用心理学上的“破窗效应”来解释。

美国斯坦福大学心理学家詹巴斗曾做过这样一个有趣的试验：

他找了两辆一模一样的汽车，把其中一辆摆在中产阶级社区，而另一辆摆在相对杂乱的一个社区。然后，他把后一辆车的车牌摘掉，并且把车顶打开，结果不到一天，这辆车就被人偷走了。而前一辆车摆了一个星期仍安然无事。于是，詹巴斗便用锤子把那辆没被偷走的车的玻璃砸了个大洞。结果，仅仅几个小时后，车就不见了。

以这项试验为基础，政治学家詹姆士·威尔逊和犯罪学家乔治·凯林便提出了一个“破窗效应”理论。

他们认为，如果有人打破了一个建筑物的窗户玻璃，而这扇窗户又得不到及时的维修，别人就可能受到某些暗示性的纵容去打烂更多的玻璃。久而久之，这些破窗户就给人造成一种无序的感觉。其结果就是：在这种麻木不仁的氛围中，犯罪就会滋生。

“第一扇破窗”常常是事情恶化的起点。从“破窗效应”中，我们可以得到这样一个道理：**任何一种不良现象的存在，都在传递着一种信息，这种信息会导致不良现象的无限**

扩展，同时必须高度警觉那些看起来是偶然的、个别的、轻微的“过错”，如果对这种行为不闻不问、熟视无睹、反应迟钝或纠正不力，就会纵容更多的人“去打烂更多的窗户玻璃”，就极有可能演变成“千里之堤，溃于蚁穴”的恶果。

所以，必须及时修好第一个被打破玻璃的窗户。在企业中，管理者必须重视“破窗”，从第一扇“破窗”开始就对公司员工中发生的“小奸小恶”行为，进行有效的惩罚和管制。无论是迟到，还是其他看似不起眼的小事，管理者都应引起关注，必要时还要小题大做，这样才能防止有人效仿，避免积重难返。

需要特别注意的一点是，管理者一定不要让自己成为“第一扇破窗”。

在实际工作中我们不难发现，管理者最强调制度，然而首先违背制度办事、破坏制度严肃性的大多也是管理者。大量调查显示，员工在看到管理人员“知法犯法”公然违反管理制度还扬扬自得时，大多会嗤之以鼻、心生反感；在自己违反制度而受到惩罚时，嘴里不说心底也会存有怨言。时间久了，员工会与公司产生离心力，即使你再怎么宣传教育也没什么效果。

管理者要时刻记住这条定律的告诫，不要既是制度的制定者，又是制度的破坏者。如果管理者亲自破坏亲手制定的制度，那么这种负面示范的效果，将比一般员工造成的“破窗效应”危害更大。

第11章

奖惩制度：激励正确的进取，惩罚错误的行为

从心理学角度来说，企业制定的奖惩制度，是因为通过一系列正副刺激的作用，来引导和规范员工的行为，以朝着企业希望的方向发展。作为管理者，应奖励希望的行为，以使这种行为得到强化；惩罚不希望的行为，以使这种行为得到约束。奖惩相辅相成，利用得当可帮助企业达成既定目标。

☆ 激励“快牛”，鞭策“慢牛”

在上一章中，我们从员工的拖延心理的角度着眼，分析了项目延期和工作重做的原因，并给出了相应的解决办法。但即使你这样做了，问题也未必能得到圆满的解决。

回想一下，你有没有做过这样的事情：

你交给下属一项工作，计划 10 天完成，结果下属用一周的时间把它做完了，那时你心里是怎么想的？你认为可能这个工作本来就不需要 10 天时间，在一周之内完成是非常自然的事情，所以并不需要奖励；于是，第二次安排同样的工作，你就把项目计划从原来的 10 天缩短为 7 天。

如此一来，这个提前完成任务的下属不仅没得到奖励，还为下一个任务增加了难度，实际上是间接地受到了惩罚。而这样的情况，往往会造成员工有选择性地保留。

因为大家担心如果自己突破新高的话，很可能会导致有更高的一个绩效作为考核的基准。由于这种担心，每个人的工作都会有一定保留，给自己留一个安全裕量或者是隐藏安全裕量。

中国有句俗语叫“鞭打快牛”，与这条如出一辙。

“鞭打快牛”讲的是这样一个寓言故事：

一位农夫有一头水牛和一头黄牛。农夫拉着两头牛犁田，他先给黄牛套上犁枷，但黄牛任凭他怎么吆喝就是不走，折腾半天没犁了几路田。无奈之下，农夫换上水牛，水牛不用吆喝就主动拉着犁往前走，但农夫还是不断地鞭打水牛。水牛很是不解，就停下来问："主人，我已经尽心尽力地帮你拉犁了，怎么还老是打我？"农夫说："黄牛不拉，只有你拉，不打得你跑快些，什么时候才能犁完田？少废话，快走！"说罢又是一鞭。多次挨鞭子的水牛想：自己跑得越快，犁的田越多，被鞭打的机会就越多，而黄牛却在旁边优哉游哉地吃草，真不公平。最终它挣脱犁枷跑了。

不干活的人可能比干活多的人还要拿得多，因为干得越多出错的概率越大。

在企业中，"鞭打快牛"的事屡见不鲜。干工作越快的人，总会有更多的工作安排下来；而那些慢悠悠的人，却一直工作量比较少。能够克服困难的人，总是在不断地克服困难；不善于克服困难的人，却总是可以得到较容易完成的工作。业绩突出的人，总是会迎来更高的业绩目标；而那些业绩平平的人，则可以靠任务完成率或很少的出错率拿到不菲的回报……

"快牛"干活儿本来就积极主动，十分卖力，理应多喂草、多供水。把"鞭子"打在他们身上，实在不公平，而且可能会产生两种消极后果：一是挫伤积极性，使其松劲消极；二是使其劳累过度，不能继续发挥作用。而"慢牛"却依然我行我素，不求有功，但求无过。

由于"快牛"干得多，犯错误的机会就多，被批评的次数就越多，就像勤快的水牛一样跑得越快要犁的田越多，被鞭打的次数就越多。

而平时不用干什么活的慢牛，恰好是干得少，过错就少，给领导的始终是个好印象，考核评定时反而会得个好评价。慢慢地，“快牛”也没了心力和动力，变成了“慢牛”，或者干脆跳槽另谋出路。

不公平感源于付出与回报价值的衡量比对。对于做出贡献的“快牛”，管理者一定不能不闻不问，甚至认为理所当然。否则，“快牛”心有不满，“慢牛”乐得其所，组织就会变得愈加懒散，负能量占据上风，延期和重做的工作将会更多。

要避免这种现象的发生，就要激励“快牛”，鞭策“慢牛”。

首先要保持和增强“快牛”的积极性，对“快牛”进行物质激励和精神激励，同时也让“快牛”发挥榜样作用，带动其他“牛”动起来，激发其他的“牛”进入“快牛”行列。物质激励一定要及时兑现，不要给人不切合实际的许诺，否则，一旦最后没有达成所愿，不但“快牛”会有种被忽悠的愤慨，恐怕管理者本人也会从此失去了威信。在精神激励方面，可以给予“快牛”应有的表扬和肯定，适当授权、让其承担更高层面的工作、指导其进一步成长。另外，也要给“快牛”喘息调整的机会，注意劳逸结合，任务安排要松弛有度，保持可持续发展。

其次要让“慢牛”成长为“快牛”。管理者不能任由“慢牛”一直无改善，能力是在实践锻炼和学习中不断提高的。要在适当时候把鞭子打在“慢牛”身上，迫使他们潜心学习，勇于实践，逐步提高本领，调整步伐，促使其尽快成长为“快牛”。

总之，管理者必须真正奖勤罚懒，把奖惩和工作业绩挂起钩来，使“快牛”快得称心，使“慢牛”再也沉不住气。

☆ 奖励期待的行为，就能得到期待的结果

有的管理者可能会说，奖励无非是奖励先进，奖勤罚懒，奖励对企业贡献大的人，这有何难？其实，奖励并没有那么简单。事实上，相当多的管理者，其管理失败的最大原因，就是他们想要的行为和他们奖励所导致的行为南辕北辙。

有这样一则管理寓言：

一个渔夫看到船边有一条蛇，口中正衔着一只青蛙。看到垂死挣扎的青蛙，渔夫觉得它很可怜，便动了恻隐之心，把青蛙从蛇的口中救了出来。但随后，渔夫又开始为那条蛇将要挨饿而感到难过。因为没有什么吃的东西，他便拿出一瓶酒往蛇的口中滴了几滴。

> 人们会去做受到奖励的事情，而不是你想要他们做的事情。

蛇喝了酒后高兴地游走了，青蛙也为重获新生而高兴，渔夫则为自己的善举而感到快乐。渔夫认为这是一个皆大欢喜的结果。

但没多久，渔夫就听到有东西在叩击他的船板。他低头一看，几乎不敢相信自己的眼睛，他看见那条蛇又回来了，而且嘴里叼着两只

青蛙——它在等待渔夫给予酒的奖赏！

渔夫的本意是希望蛇不要再去捉青蛙，但结果事与愿违。

任何人都只会做那些他们认为有利可图的事。如果希望下属做出某种行为，就不能只停留在表面上，而要确保奖励的是你期待的行为。否则，就会适得其反。

种瓜得瓜，种豆得豆。奖励得当，种瓜得瓜；奖励不当，种瓜得豆。

曾经有一个企业，为了促使销售人员多与顾客联系，制定了这样一个奖惩制度：手机话费不满300元的，不予报销；超过400元的，不但予以全额报销，还有奖励。这一制度的本意是想促使员工多与顾客沟通，但结果却不如企业所愿。业务员为了达到300元话费，大打私人电话。这一制度不但没有使业绩增长，反而浪费了公司的资金。

很多管理者经常会犯事例中那样的错误。他们本来想鼓励员工做正确的事，却无意间纵容了错误的事，忽视甚至惩罚了正确的事。很显然，在这样的奖惩制度下，管理者就得不到他所期望得到的结果。

美国著名的管理专家米契尔·莱波夫指出，当今许多企业、组织之所以无效率、无生气，归根到底是由于它们的员工考核体系、奖罚制度出了毛病。

米契尔·莱波夫把企业在奖励员工方面最常犯的也是最应该避免的十大错误归纳如下：

（1）需要有好业绩，却去奖励那些看起来最忙碌、最敬业、天天工作加班的人；

（2）要求工作的质量，却设下不合理的完工期限；

（3）希望对问题有治本的答案，却奖励治标的方法；

（4）希望提高员工的忠诚度，却不提供工作保障，而是付最高的薪水给最新进入或威胁要离职的员工；

（5）需要事情简化，却奖励使事情复杂化和制造琐碎的人；

（6）要求和谐工作环境，却奖励那些最会抱怨且光说不做的人；

（7）希望他们富有创新精神，勇往直前，但奖励的却是那些不求有功、但求无过的人；

（8）光说要节俭，却以最大的预算增幅，来奖励那些将他们所有的资源耗得精光的职员；

（9）要求团队合作，却奖励团队中某一成员而牺牲了其他人；

（10）需要创新，却处罚未能成功的创意，而且奖励一成不变的行为。

这十种奖励方式，不但不能起到应有的奖励效果，反而会带来意想不到的坏结果，造成一部分员工的工作情绪消极，心里不平衡，怨声载道，这样的奖励无异于饮鸩止渴。

奖励是对好的行为和结果的强化，因此，它必须与导向的目标一致，将这个目标通过奖励清晰地传递给对方，让对方明白你提倡什么，不提倡什么，奖励什么，惩罚什么。这样，才能形成有效的反馈环，从而实现奖励的目标。

因此，管理者要奖励的时候都应当考虑一下，自己奖励和主张了一些什么样的行为？这些行为是不是你想要的？是不是公司需要的？

当然，完全避免这条并不容易，因为公司需要的行为或结果并不是单一的。比如，公司需要好业绩，但也需要敬业精神，完全对敬业的员工置之不理也不妥当。对于这类问题，处理的方法是，注意奖励的力度和方式。比如，你只是为了能够鼓励一下某个敬业的下属，那么就不适合给予提升，或在大会上发给他重奖，只需要在某次会议上口头表扬一下就行了，并在私下里告诉他，你的工作态度非常好，希望他在继续保持敬业精神的同时进一步提高业绩，到那时候，按规定他将获得什么奖励。

☆ 奖赏是“兴奋剂”，敞开了吃也有副作用

奖赏作为一种正面强化手段，有着很多管理功能，但它不是万试万灵的仙丹妙药，吃一粒就能百病全消。它更像是一种兴奋剂，有相应的副作用，不能够敞开了吃。

心理学研究表明，人的行为是由动机支配的，动机则由未满足的需要引起的。这说明，如果需要已经满足，或很快得到满足，动机将减弱甚至消失。

杂技团里的猴子为了获得食物，通常都是非常听话地表演各种绝活，赢得阵阵掌声。有经验的驯猴师都知道，猴子吃饱了就不听话了，所以他们任何时候都不会给猴子吃饱。贪功求利，乃是人性的致命弱点，适当让人永远带点饥饿感，他才会干劲十足。

南宋初年，面对金人的大举入侵，当时号称名将的刘光世等人，只会一味地避敌逃跑，而不敢奋起反击。这一方面因为他们天生患有“软骨病”，另一方面，也因为他们官已高、位已尊，以为即使立了大

功，也没有更大的升迁，于是他们便安于现状，什么国家利益、民族利益，此时对他们已经没有太大的意义了。

当时岳飞虽然已崭露头角，但还没有太大的名望和地位。他在和金人进行着殊死的战斗时，有个叫郡缉的人上书朝廷，推荐岳飞。那封推荐书写得很有意思：

“如今这些大将，都是富贵荣华到了头，不肯再为朝廷出力了，有的人甚至手握重兵威胁控制朝廷，很是专横跋扈，这样的人怎么能够再重用呢？”

“驾驭这些人，就好像饲养猎鹰一样，饿着它，它便为你博取猎物；喂饱了，它就飞掉了。如今的这些大将，都是还未出猎就早已被鲜汤美肉喂得饱饱的，因此，派他们去迎敌，他们都掉头不顾。”

> 人都有这样一个心理：太容易得到的东西不珍惜，千辛万苦争来的才格外看重。

“至于岳飞却不是这样，他虽然拥有数万兵众，但他的官爵低下，朝廷对他也未有什么特别的恩宠，是一个默默无闻的低级军官，这正像饥饿的雄鹰准备振翅高飞的时候。如果让他去立功，然后赏他某一级官爵，完成某一件事，给他某一等荣誉，就好像猎鹰那样，抓住一只兔子，便喂一只老鼠，抓住一只狐狸，就喂它一只家禽。以这种手段去驾驭他，使他不会满足，总有贪功求战之意，这样他必然会为国家一再立功。”

应该看到，无论是职位还是金钱，多数情况下是“粥少僧多”，资源有限不可能随意授人。比如职位，如果封得太滥了，“官”自然贬值，也就不值钱，失去了诱惑力。

太平天国后期在湘军与淮军的夹击下，太平军处境日益艰难，为了挽回败局和鼓舞士气，天王洪秀全采取了“封王”的招数。据统计，洪秀全先后分封了两千七百多个王，大小文臣武将，亲朋故友，甚至一个并不怎么起眼儿的人，都如愿以偿戴上了“王帽子”。然而时间一长，这一招也就不那么灵了。“封王”不但没有达到齐心协力挽回败局的目的，反而导致了太平天国内部秩序的严重混乱，大家都是“王”，谁也不服谁，彼此离心离德，谭绍光被“八王”出卖就是明显的例证，客观上加速了太平天国的覆亡。

可见，奖赏员工不能不加任何节制，这一点对于有效管理下属的意义不可忽视。它至少有两点值得我们注意：

一是要充分吊起下属的胃口。一方面，要如同商品交换一样，“得一兔则饲以一鼠，得一狐则饲以一禽”。立小功得小利，立大功得大利。要有意识地把过程拉长、分段，使下属取得突出业绩的欲望永远处于饥饿状态，永远不会有满足感，这样他才会总有立功的原动力。另一方面，要保证“官位”的稀有性，不能人人封王，这样才有足够的诱惑力。

二是满足下属的欲望不仅不能一步到位，而且最好永远也不要到位。一个人工作上的欲望过早满足了，立功进取的意志便懈怠了；一旦达到其欲望的顶点，不但立功进取的意志消失，甚至还可能滋生野心，动摇你的权威和地位。

现代人主张凡事适度，工作不能超过八小时，睡觉不能睡十分，锻炼不能太激烈，吃饭也要吃八分。奖赏就像美食一样，再美味的东西吃太多也有害身体。如果只吃八分饱，反而对公司、对员工的健康都有利。

☆ 适当的惩罚比奖励更有效

赏与罚，是统御部下的两把利剑，是管理者治事用人的重要手段。二者必须相互结合，而且要泾渭分明。

赏罚分明，体现了褒扬与贬抑，指示了人们行为的方向。管理者一定要高悬这两把利剑，引导下属做好事，制止下属做坏事，使他们进有所得，退有所失。

但现实中，一些领导“好人主义”思想严重，认为实施惩罚得罪人，怕员工不服气，顶撞自己，下不了台；怕被责罚者有成见，对自己不利。他们的心理是“多栽花、少栽刺”、不求有功，但求相安无事、息事宁人。

员工干好了有奖励，干不好没处罚，这样的管理者谁不喜欢？但客观地说，管理者不是幼儿园的阿姨，不能仅仅去讨员工的欢心，更重要的是，要为企业创效益，这才是管理者最大的职责。如果你一味奖励而从不处罚，只会惯出员工们的怠慢之心，致使各种制度形同虚设，整个企业人浮于事，企业又如何生存与发展？

有些管理者不对员工实施惩罚，还有一个重要的原因是他们只看到了惩罚可能带来的负面作用，而没有充分认识到其积极的正面作用。管理心理学理论认为，损失与收益相比，人们更关注的是前者，惩罚的独特作用是正向奖励不能替代的。

诺贝尔经济学奖获得者、心理学家卡尼曼的研究表明，人在不确定条件下的决策，取决于结果与设想的差距而不是结果本身，也就是说，人们总是会以自己的视角或参考标准来衡量，以此来决定决策的取舍，而且一旦超过某个“参照点”，人们对同样数量的损失和赢利感受是不相同的。在这个“参照点”附近，一定数量的损失所引起的价值损害（负效用）要大于同样数量的赢利所带来的价值满足。简单地说，就是**丢掉 10 元钱所带来的不愉快感受要比捡到 10 元钱所带来的愉悦感受强烈得多**。卡尼曼认为，在可以计算的情况下，人们对损失的东西的价值估计高出得到相同东西的价值的两倍。

根据这一点，管理者可适当采取惩罚的措施来减少个体的既得利益。因为这时人们对意外损失的关注程度大大超过意外收益，所以组织可以在不花费成本的前提下实现更为有效的管理效果。

心理学研究向我们揭示了存在于个体心理上的两种动机，分别是避害和趋利。什么是避害动机？简单点说就是回避对自己可能有害或不利的心理动机，是围绕着自我保护的心理需要产生的相应动机。惩罚的目的不在于惩罚本身，而在于制造心理压力，其根本目的在于激活员工正向的心理动机。

但惩罚是一般人所不欢迎的，因为它不是人们的精神需要，如果掌握不好，则容易伤害被惩罚者的感情，甚至受罚者为之耿耿于怀，以至于惩罚的结果与预期背道而驰。因此，管理者要讲究惩罚的艺术性，掌握好惩罚的原则。

1. 罚前有法

奖赏是以功绩为依据的，惩罚是以过失为依据的。管理者在实施惩罚前，必须依据有关规章制度的条例，让下属明确自己的行为触犯了哪些行为准则和禁界。

2. 公平公正

无论是在制定条例时还是在执行条例时，都要一视同仁，不能因人而异，网开一面。民主讨论，是惩罚公平公正的重要保证。

3. 惩罚及时

根据中止原理，当下属的错误行为开始出现时就给予及时的惩罚，这样错误的行为就会与惩罚所起的焦虑、恐惧等经验相连接，那么下属就不得不中止行为，惩罚也会相应结束。这样下属会清楚地认识到：惩罚的引起与结束都是自己的行为造成的，以后就会避免出现类似行为。如果在下属不当行为发生之后很久才施以惩罚，就很容易让当事人模糊被惩罚的原因，甚至有些人还会认为是领导对他个人有意见而故意找碴。

4. 力度适当

惩罚的目的是为了禁止某种行为发生，惩罚的方式就是体现在让违规者付出违规的成本。如果力度过轻，就起不到惩戒的作用，甚至还会让那些没违规的人滋生触犯规定的念头。当然，如果情节不严重，可以采取一些轻罚措施，以教育为主，处分为辅。

5. 训一儆百

在惩戒员工的过程中，运用“抓典型”策略，对树立管理者威严、增强员工的纪律性具有十分显著的效果。对众多违反纪律的下属，最好不要打倒一片，全部惩罚，而应该抓住一个典型，使大家为之警觉畏惧，这就是“训一儆百”之所以有效的道理所在。

6. 慎重稳妥

实施惩罚，要谨慎从事，确保对下属的处罚不违反国家相关法律和政策，也不违反劳资合同的条款，否则就不能贸然进行处罚。惩罚还应注意稳妥，不能一味蛮干，以免激化矛盾。

7. 罚后明理

必要的处罚做出以后，事情并没有完结，要把思想工作跟上去，具体指出他错在哪里，帮助其查找犯错误的思想根源，让其真正认识自己的错误，使其增强改正错误的决心和信心，并为其改正错误创造条件。

8. 注重反馈

惩罚只教人们不做什么，而没有教人们去做什么。因此，管理者在实行惩罚的同时需要给下属指明替代性行为，当下属作出了管理者所希望的替代行为时，最重要的是管理者及时地给予反馈，对此进行正面强化。

第12章

决策艺术：正确决策会让企业永葆活力

高超的决策艺术是决策取得成功的重要条件，关系到管理活动的成败。由此可见，决策是管理的心脏，是管理的核心。

☆ 掌控“载流容量”，提高决策效率

当今社会是一个信息社会，正是五彩斑斓的信息使人类更加文明和富有。然而瞬息万变的时代也使我们周围的环境更加复杂，难以确定的信息往往使决策者面临两难，甚至是多难境地。

按照心理学的概念，人都具有一定的“载流容量”。如果信息量超过载流容量，则信息接收、整理、存贮和传输的心理机制就不能完成它的任务，会造成混乱。

决策者在大量信息面前很容易出现心理防御性反应，如“遗漏信号”（忽视掉某些消息）“错误回答”（即在感知时歪曲消息，或对消息做出不真实的反应）“延期回答”（不能及时完成所提出的任务）“淘汰信息流”（不管客观价值就把某种信息降为次要等级予以淘汰）“降低信息区分和识别的充分程度”，（把所得到的信息看得过于简单）“拒绝信息来源”（回避并企图不要新的信息），等等。

这些不可抗拒的心理防御反应很容易遗漏或忽略掉某些重要信息，从而影响到决策的科学性。

对于大多数的决策者而言，要完全消除信息中的不确定性，以获得一个确定的行动方案，所需的信息总量可能是无穷大的。然而，与物质、能量一起被视为当代三大资源之一的信息，和其他两种资源一样，它的获得需要付出代价，也就是说获取信息具有成本，若利用信

息所获得的增加的收益弥补不了其花费，则信息的利用变得毫无价值。

随着信息量的增多，寻找新的有用的信息将变得越来越困难，因而信息的获取成本越来越高，而由此带来的收益增长幅度却趋于平缓。当信息的获取成本等于其所带来的收益时，此时，若进一步取得信息，虽然可以降低决策中的不确定性，减小风险，但对于以获得最大经济效益为目的的决策者而言，新信息的获取只能带来负的经济效益，所以已经没有获取的必要了。

以上两个方面，无论是大量无效信息造成了决策困难，还是获取信息的直接成本增加，都造成了组织决策成本的增加。当前很多组织投入大量资金对企业进行信息化改造，以期获得更大量、更全面的信息，结果反而被大量无用信息淹没，大大提高了决策成本。

因此，决策者要分析信息与其获取成本间的关系，有效地获得和利用信息。

信息的数量和质量之间存在着重要的差异。对于这种多与少、对与错的问题，很难有一个简单的解决方案，多数情况下需要决策者自己做出判断。但在决策之前先考虑一下信息的数量和质量这些简单问题，有助于形成良好的决策习惯。

决策者首先应清楚：要制定这个决策，我需要掌握什么信息？解决这个问题的最好方法就是，在决策前先将信息按重要性进行分类。套用一下新闻学的格式，信息通常可分为三类：需要知道的信息、知道了会更好的信息、不相关的信息。

哪些信息是制定一项决策所需的正确信息？这一问题是将信息归入上述三类的有效途径。回答这个问题应当考虑很多方面，例如：决策成功的最重要标准是什么？可能会出现什么失误？如果执行此决策，会有什么结果？

通过这种方式，我们在很短的时间内就能掌握制定一项决策到底需要收集哪些信息。培养这类良好的信息习惯还意味着：收集信息是一个目标导向性很强的过程，而不是简单地根据某一题目汇集所有类似的现成信息。

考虑一下信息收集阶段可能会出现哪些问题也是非常有用的。正是通过更深刻地理解人类行为方式上的缺陷，我们才能成为更有效的决策者。而在这里，会导致信息收集过程出现问题的最重要因素之一就是所谓的信息选择倾向。

美国管理学作家罗格·道森分析了信息收集过程中的八种心理倾向，它们导致决策者偏离正确方向，从而降低了决策的有效性。这些倾向分别是：图现成、以自我为中心、排除异己、恋旧、选择性接受、先入为主、喜新厌旧、求同。它们中的任何一种都会影响决策者的判断，使决策过程误入歧途。尤其是这些倾向会使不确切的信息成为决策制定的基础，很多重要的机遇因此与企业失之交臂。认识并理解这些倾

向，是预防它们在我们身上出现的必要措施。

此外，错误的信息，不仅会增加决策的难度，还会把决策者引向相反的方向。比如，我们每一个人的头脑中都有许许多多自以为不用证明的“公理信息”，而且，我们经常凭借这些信息进行决策。例如问大家“美国总统由谁管理？”十有八九的回答是国会。其实，按照美国的法律，总统的管理权在财政部，因为总统是美国政府的财产，作为财产，他由财政部管理。可见，决策者要培养考察信息可靠性的习惯。这不只是为了让我们快速评价信息，也是为了更快地舍弃信息，从而提高决策效率。

☆ 假设可行的同时，也要假设不可行

绝大多数决策，是基于一些假设。假设我们开发出什么，推出什么服务，假设有多少客户，按照某个特定价格购买我的产品和服务，公司将在几年内实现多少利润的增长。

但决策不只是写写商业计划书而已，它有复杂和残酷的一面。现实中，无数的产品，无数的公司，就在这样的过程中倒闭了。创意、开发、测试、发布，每一步都走得稳稳的，到头来，为什么落得一败涂地呢？

原因就是，**管理者在做假设的时候，只假设了它的可行性，却忽略了它的不可行性**。

今夜酒店特价的创始人任鑫，在与中欧创业营二期学员的分享中，讲了创业初始的一个重要教训。

在他们准备这个项目的初期，他们更多参考了国外同类产品的模式，重点面向商旅人士，在一个城市寻找几家深度合作的酒店，建立线上支付体系，采用预付费的模式。结果，一段时间下来，经营状况非常惨淡，每天的订单量掰着指头就能数过来。一开始他们觉得决策没错，应该是执行出了问题。直到半年后，他们终于清醒过来，其实是决策中的假设有问题。但是大半年的时间已经浪费了。

所以，管理者在做任何决策前，一定要考虑周全，对实际情况进行深入细致的调查研究、科学论证假设是否真的会成立，广泛征求意见，最好开展一番“不可行性研究”。

“不可行性”本应是可行性研究中应包括的内容之一，然而，目前的大多数可行性研究往往是先立项后论证，可行性分析先入为主，片面注重研究决策的“可行性”，而忽视了决策的“不可行性”；片面注重收集、罗列有利于“假设成立”的主客观因素，而有意无意回避了“假设不成立”的不利因素；片面论证决策实施后的美好前景和积极影响，而对于决策实施后的负面影响及可能存在的问题，却估计不足或者强调不够。

忽视“不可行性”分析的论证注定是残缺的。可行性研究的重点应该是“不可行性研究”。不可行性研究对于决策者全面考虑问题会更有帮助。只有广泛征求各方面的意见，多从不同角度进行分析研究，立足当前，着眼长远，通盘考虑，统筹权衡，才能做出较为科学的决策来。所谓“兼听则明”，不可行性研究既是给决策者发热的头脑“泼冷水”，又故意跟可行性研究“唱反调”，专门对决策实施方案吹毛求疵，对其可行性“鸡蛋里面挑骨头”，寻找潜在的、隐藏的问题和风险，可以使决策信息趋于平衡，给决策者提供更广阔的思路和信息，以便全面、准确地权衡利弊得失，提高决策的科学性。即使不可行研究最终不被采用，但是它仍然具有借鉴意义，可以起到警示作用，有利于决策在实施过程中更大程度地减少失误，规避风险。

世界著名的智囊机构兰德公司有一条“保护持不可行性意见者”的规定，对少数持不同意见者给予充分发表意见的机会。他们认为，在决策上，不存在少数服从多数的问题，对一些重大决策，少数人的反面意见，也许听起来有点“刺耳”，但可能对你的旧有思维是个冲击，从而帮助修正和完善已有的决策。

国外有些公司设有专门的反对委员会，举凡重大决策，无不经过反对委员会反对一番。反对委员会主任的年终考核工资一般按以下方式计算：

反对委员会主任年考核工资＝考核工资基数 ×（反对成功议案数／提交讨论议案数）

所以反对委员会主任有强大的动力，努力挑各种议案之毛病，大大减少了公司的决策失误，并激发了创新，对企业的影响十分巨大。

如果决策不严谨，没有经过“不可行性论证”就仓促出台，很容易给企业带来不可估量的损失。因此，在决策时，要注意决策的正确性，坚持走群众路线，广泛征求意见，科学论证“假设不成立该怎么办”，使决策既有前瞻性，又不脱离企业的实际情况，能满足企业现阶段管理工作和发展的需要。

☆ 决策具有时效性，速度才是胜负的关键

决策是一种动态的追寻最大综合效益目标的抉择过程，具有极强的时效性。如果过度追求完美，就会错过机会。

> 经过充分周密计划的任何事，在现实生活中几乎不会发生。

丧失了时效的决策，其正确性将荡然无存，以至竭尽心智作出的决策变成了刻舟求剑似的徒劳行为。正如今天的好计划胜过明天的完美计划。对于管理者来说，关键在于快速而准确地决策，迅速而有力地实施计划。但从实际来看，许多管理者在决策实践中往往只重视决策的程序和内容，却忽视了决策的时效。

完美主义表面上看来很好，追求极致，力防瑕疵，但是过度苛求完美是对时间的一种耗损。这个世界本没有完美存在，过于追求完美就无法轻易做抉择。在这个竞争激烈的年代，无数人都盯着同一个市场，速度是决定胜负的关键。

斯坦福大学教授艾森哈特在一次管理学会大会上提出：**“抓住时机并快速决策是现代企业成功的关键。”**

卡莉在担任惠普公司首席执行官的时候，曾提出过一个著名的速度理论：先开枪，再瞄准！她表示："过去我们的新产品要在各方面都要达到95分以上才推出，现在我们应当改变这种思维方式了，产品做到80分就该推出，然后再求慢慢改进。"

对这一速度理论，卡莉有一个形象的比喻："你滑水冲浪，要保持一个速度才站得起来。在这一过程中，尽管我们很难精确抓住行进路线，但我们不能为了抓住路线而将速度放慢。网络的时代，要抓住速度，才能进入竞争的门槛！"

曾为IBM公司总裁兼首席执行官，被称为"电子商务巨子"的路易斯·郭士纳说：**"这是一个有关速度和磨炼的事业。我们不能执迷不悟做完美主义者了，因为完美主义会使我们错失市场良机，并会使其他竞对手夺走我们的科技发明。"**

阿里巴巴创立之初，马云将执行力概括为"立刻、现在、马上"。马云称阿里巴巴的团队是"一支执行队伍而非想法队伍"。他在不同场合反复强调，有时执行一个错误的决定比优柔寡断没有决定要好，因为在执行过程中你可以发现和改正错误。

他说："我想年龄大一些的人，最不愿意做的事情有两类。第一类是新生事物，不愿意做在此之前还没有尝试过的事情，因此决策总是需要很长的时间。第二类是不想做曾经失败过的事情，因此决策时过于慎重。但是在互联网时代，速度是比什么都重要的。**与拿不出决策相比，即使犯过一些错误也能果断决策会更好一些。**"

兵法云：兵贵神速。在战场上，经常出现一些以寡敌众、以少胜多的情况，那些装备不够精良、人数不够众多的军队可以依靠快速行动来弥补不足，在对手反应之前抓住机会，赢得胜利。同样地，企业要生存和繁荣，必须快速决策才能够应对好来自各个方面的竞争。

对于企业来讲，正确的决策固然重要，但更重要的是快速决策，快速执行。再好的计划，如果没有化为实际行动，只能算是纸上谈兵，只有真正行动了，才能将计划转化为效益，才能真正体现出计划的价值。

因此，管理者在快速做出决策之后，一定要抓住有利时机，快速实施决策。再好的决策赶不上快速的实施，说一千句不如现在干一下。一项计划如果得不到快速执行，就有可能被迫搁浅。执行进展越缓慢，就越容易出现对计划不利的因素，例如，市场形势的变化，会使某些计划变得不切合实际，还容易让竞争对手从容介入，使预期的目标很难达到，甚至大大“缩水”。所以，计划一旦确定，就要抓紧时间去实施，争分夺秒，与时间赛跑。

☆ 开会的目的是解决问题，而非制造问题

开会，也是做出决策的方式之一。那么，管理者就需要努力去开好会议，让开会成为致力于解决实际问题的行为。

如果一个问题开了会没有解决，难免要重开会议；如果多次开会仍然没有解决这个问题，人们可能就会受到这样的心理暗示：这个问题无法解决。随后，人们会将把开会作为不得不参加的重要任务，而不再关注决策本身了。

为了避免这种现象的发生，会议必须符合以下三种要求：

1. 目标能被实现

会议既然是一种用以发挥特定功能，或更确切地说，用以实现某一决策的手段，因此有效会议首要的标准便是：开会之前为会议所设定的目标有没有实现，要解决的问题有没有得到解决。

2. 目标能在最短时间内被实现

这个要求本身颇具争论性。有些人认为开会过程中的讨论甚至争议，是一种必然的事情，因此对这些人来说，尽管是冗长的讨论或争辩，也不可能被视为违背“在最短时间内实现目标”的要求。但是另一些人则认为，会议中的讨论或争辩并无实质的意义可言，因此对这些人来说，就算短暂的讨论或争辩，也可能被认为浪费时间。但不管怎样，绝大多数人都同意：越能在短时间内实现会议目标越好。

3. 与会者对会议的满意度

所谓满意，并不意味与会者对会议的主题或决议感到高兴。例如当会议的主题在于探讨减薪应对金融危机，与会者对这样的会议一般不会感到高兴。但若能设法使与会者了解减薪的理由，并令他们有机会发表意见或提出实施办法，这种作法多少会使他们感到满意。所以想使与会者对会议感到满意，则应提供机会让他们尽量吐露心声，并参与讨论。

当然，要使会议全部符合这些要求，对管理者来说实在不容易，但这些要求至少应成为努力的方向，而不能让一个问题多次开会还没

有解决。

高效的管理者总是知道他们能通过会议解决什么问题，也知道会议的目的是什么或者应该是什么。他会自问："我们为什么要召开这次会议？是为了某项决策？是为了宣传什么？还是为了澄清我们应该做什么？"

具体来说，为了使会议致力于解决实际问题，管理者需要采取以下措施：

（1）仔细筛选那些有实际意义和效果的会议。每天在给员工们反复开的各种冠冕堂皇的会议（可能是为了"计划"部门内部的事，有些是"检讨"业务成效，有些是"协调"工作关系等等），大多数是起不了多大的实际作用的。一些新的规定或补充本身可以发给员工们相关材料，而不用正儿八经地让大家围坐在会议桌前，"逐条学习"，实在是对时间的浪费和对效率的扼杀。不过有一些十分必要的会议，还是要不加吝惜地召集员工坐上几十分钟的。减少会议次数是一个两全其美的方法：一方面减少了会议节约了时间；另一方面，会议数目的减少使其内容更加精练，节奏更加紧凑，更加吸引员工的注意力。

（2）限制会议时间。每次会议之前估计一下会议内容的长度，留出员工们讨论的时间，甚至可以将会议时间详细地做统一安排，制订一个具体议程时间表，去掉所有与讨论主题无关的部分。制订计划并尽力去执行往往是最好的提高效率的办法。

（3）只邀请与会议主题密切相关的人参加，并事先告知议题。否则"不投入的人"很容易精力不集中并在这一过程中影响到其他人；事先告知议题则能使他们更好地准备，从而做出正确解决问题的决策。

（4）按时开会。如果有特邀演讲者，给他们限定演讲时间。主管主持会议，不要让下面提出的问题成为会议的主角。中间休息后不要因为人们的迟到而拖延了会议。

（5）对所讨论的内容提供书面总结。总结中应归纳出本次会议中得出的结论，以及日后需要进行的工作。列出每一位与会者在这些活动中的职责。还应包括与会者的名单，给所有与会者每人一份。

当前的互联网时代，公司的运作环境比以前更加多变、难以预测。我们所有的人都要加快工作节奏，不能完全拘泥于公司的各种条条框框。换言之，要开会，就必须起到一定的决策作用，能够解决实际问题，否则就别开。

第13章

创新思维：注重创新管理，增强企业创造力

管理者抓管理，就是要抓活力，抓后劲，抓生机。而创新管理正是激发活力、后劲、生机的必然内容所在。因此，创新管理的实质就是增强企业的活力，拓展企业广阔的前景。一个注重创新管理的领导，才能使企业具有竞争力，从而把企业带入更辉煌的境地。

☆ 用领导力保证创新力

思维可分为常规性思维和创造性思维两种。常规性思维一般是按照一定的固有思路方法进行的思维活动，他们的思维缺乏灵活性。创新性思维的核心是创新突破，而不是过去的再现重复。

创新思维作为对新事物或现象的一种探索活动，其成果必然具有一定的独创性。正如心理学家皮亚杰所说：“**智力的发展是一个不断的创造过程，发展过程之中的一个阶段都产生了一些全新的与众不同的东西。**”同时，创新思维的独创性也是人类思维的高级表现。

凡是挑战极限的事情，都无法用逻辑证明，因为以前没有先例。然而，正是有了这种不拘常理的挑战极限，真正的创新才能够诞生。因此，把创新放在第一位乃是管理的又一核心内容所在。在企业管理中，只有注重创新，才能将创新落到实处，才能打造一流的企业。

珍妮·丹尼尔·德克在《变革之魂》中说道，“要想使公司发生变革的第一件事是：你必须要有足够的力量。”领导者的能量、推动力、意志都十分重要，没有强大的领导，就不会有真正的创新。作为组织的领导者，应该提倡创新，也就是说，在组织的创新活动中，要成为创新理念的塑造者、创新计划的研究制定者、创新行为的引导者和坚定的支持者。

那么，领导者如何做创新管理呢？

1. 不要仅凭经验，听取和了解他人的想法，是一个成功的领导者最基本的技能

创新型的领导应该善于用他人的意见来丰富和完善自己的想法，而不是拒绝别人的意见，不要仅凭自己的经验做出决定。因为不同的人对同一件事情可能有不同的体验，从而导致不同角度的看法，产生多种不同的、有效的解决方法。

领导者要善于检验自己的想法。领导者有时会按照自认为合理，而对其他人来说不合理的意图来行事。如果一个创新计划是建立在未经检验的基础上，那么，它的风险会很大，并足以使其陷入泥潭，因此，作为一个创新型的领导者，在提出创新想法的同时，更应该善于通过实践去检验它。

2. 保持不断交流

在创新阶段，领导者倾向于把自己闷在工作、部门和项目中，缺乏对组织其他部门的了解。但定期提供最新消息，帮助人们经常保持同外界的联系很重要。如果领导者能与下属打成一片，那么这种关系的基础一定是“真诚”的。通过对自己的言行采取负责任的态度，领导者可以更好地与下属搞好关系，可以从他们那里得到“真诚”的回报，可以与下属建立起真正密切的关系而不是简单的领导与被领导的关系，从而获得一些未经过滤的信息的价值。

3. 帮助员工发展新的思维和行为方式

有的领导者宣布完他设计的创新计划、组织结构和工作方法后，就简单臆断员工能领会并遵从。他们认为员工心领神会，不需要再做什么就可以理解。实际上，员工需要有时间去理解、体会、熟悉新的思维和行为方式。如果管理者不花时间去做解释工作以确保其下属领会创新思维和行动要义，下属可能永远也不会明白其中的道理，执行计划上就可能出现偏差，而如果某一部分行动与整体行动不相协调，那整个计划就可能陷入窘境。

因此，作为领导者，当你认为已经为你的创新和变革设计好成功之路后，就应长期不间断地保持对此事的关注，并努力使员工积极参与其中，这一点至关重要。如果领导者仅仅是布置工作、检查和偶尔听取汇报，是没有多大用处的。实际上，领导者起不到监督和促进作用是造成创新与变革实施阶段困难重重甚至最终失败的最主要的原因之一。

4. 避免滑到停滞阶段

创新与变革要取得成绩往往要持续很长时间，因此一项深刻而彻底的创新与变革的进行，需要参与者投入情感、智慧和坚韧。如果参与者没有对这些方面考虑周全，那么，无论是领导者还是员工，都无法保证创新活动的顺利实施。如果这三个方面也发生和创新与变革相适应的改变，那他们就可以赢得最后的成功。

成功之后的收获阶段，领导者应该把创新变成一种制度化的行为，具体方法有：

（1）不要把今天的创新方法当做圣旨，下次创新照抄照搬。正如一位创新型领导者所说：**“怀疑一切，尤其是没有止境的事物。”**

（2）密切关注外部环境的变化。当一个组织取得了巨大的成功，特别是在达到了一定的规模时，它常常会不重视竞争环境。要知道正在发生什么事情，领导者和员工都必须经常与客户交流，经常听到客户的声音。他们还必须密切注视竞争对手和潜在竞争对手的情况。

（3）听取公司员工的意见，与员工经常交流。能进行有效管理的领导者总是不断地掌握公司内部最新的发展变化情况，把握它的脉搏。

（4）补充新鲜血液。不断注入新鲜血液可以帮助组织保持创新的活力。

身为管理者，在企业内部提倡创新，能够让企业所有人感到管理者要求创新的力度和决心，从而让每个人从根本上重视起来，将创新思想落实到工作中去。管理者做到了这点，就能让企业保持旺盛的生命力。

☆ 突破常规找出口

老子曾经说过："反者，道之动也。"在这里，我们不妨把这句话理解成一反常规的做法，往往正是事物运行之道的体现。如果把话讲得再通俗一点，就是要具体情况具体分析，不要墨守成规，成规的尽头就是反常。下面的这个战例就是一反常规的成功例子。

唐宣宗大中十三年（公元859年），浙江出现了一伙以裘甫为首的盗贼，浙东观察使郑祇德几次派兵镇压，全为裘甫所败，于是向朝廷上表告急。朝廷知郑祇德不能胜任，也正在议论选派武将去代替他。

在人选问题上，大家争论不休。宰相夏侯孜说："浙东地方有山有海，阻拦通路，只可以用计谋攻取，难以用强力夺取。朝中武将没有智谋，只有前安南都护王式，虽然是儒家文士的儿子，当地华人夷人却都归服于他，其威名远近皆知，可以任用他往浙东征讨裘甫。"诸位宰相都认为夏侯孜说得有理。于是唐懿宗任命王式为浙东观察使，替换郑祇德。

王式入朝问对，懿宗问王式有关讨伐裘甫贼军的方略。王式回答说："只要多派军队，贼军很快可以攻破。"

有个宦官说："大量调发军队，所花的军费太大，并非良策。"王式说："多调发军队，将贼军迅速消灭，所用的军费反而可以节省；若少调发军队，不能战胜贼军，或者是将战事拖延几年几月，贼军的势力日益壮大，江淮之间的群盗就将蜂起响应。现在国家的财政用度几乎全部仰仗于江淮地区，如果这一地区被叛乱的贼众阻挠，使财富输送之路不通，就会使上自九庙，下及北门十军，都没有办法保证供给，那样耗费的费用岂可胜计？"宦官无言以对。唐懿宗听了他的这一番话，觉得十分有道理，于是颁下诏书，调忠武、义成、淮南诸道军队交给王式指挥。

王式进入浙东观察使治所越州，便开始重新修订军令、军纪。经过王式的整治，无人再敢以军饷用度不足、患病卧床为由不愿出战了，要求先升官再出战的人也不敢再说话了。

由于当时裘甫的势力很大，人们都很惧怕他，所以有很多人通敌。王式暗中查明，把主要的通敌将吏逮捕处斩，并申明了纪律，严格门禁法规，规定没有经过严格检查的人不得出入。

然后，王式命令越州所属诸县打开仓库储粮，用以赈济贫苦乏食的百姓。还有人请求建烽火台，用来警报贼寇的来犯。王式不答应。

王式又挑选出懦弱的士兵，让他们骑上强健的战马、配以很少的武器，作为侦察骑兵。部下众人都感到十分奇怪，但也不敢多问。

官军在王式的指挥下，几次与裘甫军交锋，大败贼军，最后裘甫被围困在剡县城中。贼军城中无粮，水源被断绝，裘甫被迫出城投降。

在庆功会上，王式与大家痛饮。诸镇将领对王式指挥作战的奥秘仍不理解。有人问："您刚到越州赴任时，军粮正紧张，而您却将官府仓库的屯粮散发给百姓，其中用意是什么？”王式解释说：“裘甫贼众聚谷米引诱饥饿的人民，我分发粮食，饥民就不会被裘引诱入伙为盗。”诸将又问道：“您不设置烽火台，这又是为什么？”

王式说：“设烽火台不过是为了求取救兵，我手下的军队都已安排了任务，全都开拔，越州城中没有军队可用作援兵，设置烽火台不过是徒费功劳，使我军自乱溃散而已。”

诸将又问：“您派懦弱的士兵充当侦察兵，而且给他们配以很少的武器，这又是什么道理呢？”

王式笑着说：“如果侦察兵选派勇武敢斗的士兵，并配给利器，遇到敌人就可能会不自量力上前搏斗，如果都战死了，就没有人回来报告，我们就不知道贼军的到来，这样的侦察兵有什么用呢？”

众部将听完后，都十分佩服王式有谋略。王式正是运用自己违反常规的思路，为自己赢来了打败盗贼的英勇事迹。

作为企业的领导者，经常会遇到这样一种现象：有些下属往往会忽略所在单位的工作规则，根据自己的性格、喜好去做事。为此有的领导者要经常质问下属：“目前单位有哪些条文规定？你是否违背了这些规定？”领导者以为，若不这样，下属在精神上根本不会关心到这个问题，更甭提以这些规则为基准来从事他的工作。若真是这样，那么这种领导者只是在做表面工作，忽略了工作的真正内涵。其实有时员工违反规则，很可能是规则本身出了问题。**规则的制定，目的是使一些蒙昧不明的事项，经过明确地判断，定出一些共同的标准。因此，它是具有时间性的，同时，也是为适应时代、环境而定出来的，因而绝非是千古不变的定律。**当时代更迭、环境变迁时，必然也会跟着失去合理性或时间性。因此，如何使规定切合实际的需要，这是身为领导者必须掌握的最重要的一环。

假使墨守成规、不加改善，则表面上看起来妥善完备的规定，实行往往会引起料想不到的纠纷。规则是人制定的，但往往规则一定，却回过头来把人套住。也就是说，当初制定时，是大家绞尽脑汁所想出来的，但经过一段时间后，就与实际需要脱节，而产生种种缺陷。若要加以修正，则须花费相当多的时间和精力，因此，人们只好继续墨守成规，成为规则下的牺牲品了。

总之，一个领导者必须时时注意企业所制定的规则是否有不合情理或不切实际需要之处。一旦发现有这种情形，就应当拿出魄力，不畏艰难，及时求变，切实地加以改革，这一点是千万不可忽略的。因为，腐朽落后的规则只会影响企业员工思维的发散，从而将员工的思想禁锢起来，很难激起员工工作的士气。

☆ 出其不意，方能制胜

人人都有陷入困境的时候，或遭人构陷，或犯了禁忌，或闯了祸端，领导者的身份和环境决定了他摆脱困境的方法只能以智取而不能用蛮力。身为领导者，在自己走入困境时，要善于在不动声色中使自己摆脱困境。

明朝时，一位巡按地方的御史大人病了好几天，他闭门谢客，看望他的人都被挡了驾，没有人知道他得的是什么病。

有位教谕去看御史，这回他没有被挡驾，反而被客客气气地请到了里面。

御史亲自迎接他，请他落座。教谕见御史面带愁容，心里明白了几分。

“大人哪里不舒服？”教谕问。

御史指了指胸口。

“大人得的是心病吗？”教谕又问。

御史叹了口气：

“正是心病。我听人说，你有奇才，我也就不瞒你了。只是你听了，千万为我出个主意才好！”

原来，这位御史弹劾过一个县令，县令就秘密派自己的一个嬖童去服侍御史。御史很喜欢他，对他百依百顺，不加提防。结果，几天之前，那个嬖童和御史的大印同时不见了，只剩下装印的竹箱。御史想来想去，认定是那位县令干的，以此来报复他。但没有证据，更不敢声张。于是，他就只有称病不去办公了。

“这件事只能瞒得了一时，一旦用印，就难以掩盖了。”说到这里，御史脸上的愁云更重了。

教谕听了，点点头。御史宠信嬖童，固然不好，但那个县令却更加可恶。这种小人，如果让他得逞，以后不知还会干出什么来。

他对御史小声说了一会儿，就告辞了。

到了半夜，御史的后院突然起火，火光冲天，照亮了半个夜空。郡县的官员听见御史家里失火，都赶了来救火。御史把重要的东西从房里搬出来，依次交给官员们。他看见县令，就把一个竹箱交给他：

“这是大印，请替我保管好！”

说完，他转身就走。

大家一齐努力，火很快就扑灭了。原来，这把火是御史吩咐人在厨房里放的，并没有造成什么损失，只是虚惊一场。

大家把御史交给他们的东西还给御史。县令也把放印的竹箱还给御史。御史打开一看，顿时喜上眉梢：那颗印就在箱子里面。

那位教谕为御史收回大印的办法可谓巧妙至极，妙就妙在绝不正面强索，因为既然他有备而为，在空口无凭的情况下强索也是徒劳，而是采取《孙子兵法》中所云的："攻心为上，攻城为下；心战为上，兵战为下"。夺气攻心，历来都被人们认为是最具远见的上等谋略，它在应付远虑中发挥着重要的作用。

楚汉战争结束后，汉高祖刘邦先后分封故旧亲信中的有功之臣20多人，未被分封的大臣议论纷纷，争功不休，每天都有人在上朝时三五成群窃窃私语。国基初奠，需要安定团结，人心动荡，不是祥兆，如何应付这一局面？刘邦问计于张良。张良建议刘邦封与高祖有旧怨且多次立功的雍齿为侯，以示群臣，安定人心。刘邦采纳了张良的提议，封雍齿为什方侯，然后敦促丞相、御史，尽快计功封赏诸将，诸将见雍齿都能被封，都很高兴，人心浮动的现象再也看不到了。张良略施夺气攻心小计，不仅纠正了刘邦任人唯亲、徇私行赏的弊端，而且轻而易举地缓和了矛盾，收服了人心，稳定了大局。这种安一仇而坚众心的权术，受到后世许多政客的欣赏。

对于领导者而言，夺气攻心的妙用在于对方的气已夺，心一旦被"攻"，就会死心塌地，不再有怨言。因此，这是一种可保无后顾之忧的高明的领导智慧。作为领导者，在面对困境时，就要懂得用出其不意的妙招帮助自己渡过难关。

☆ 创造条件去解决问题

约翰是一家公司的销售部经理，他最近接到了一个棘手的工作。他所在的公司主要生产番茄酱，由于包装的原因，使消费者在倾倒番茄酱的时候要费不少劲，而其他同类产品没有这种毛病，即使他公司生产的番茄酱的味道远比其他公司的味道好，还是出现了销路受阻的现象。公司的老板想了两种方法来解决这个问题，一种是改变番茄酱的配方，使其浓度降低；另一种是改变包装，使番茄酱更容易倒出来。但是，最终还是否定了这两种方法，因为不论是那一种方法都会使番茄酱失去独有的特点。于是老板就把这个任务交给了约翰，让他通过改变销售的方法，来改变番茄酱滞销的局面。

约翰尝试了各种促销的方法，都没有解决好这个问题。他深知这不是改变销售方法就可以解决的问题。在经过几天的思考之后，他向老板提出了自己的看法：我在销售的过程中发现，销量不好是因为消费者对我们的产品有意见，我们可以改变他们的看法，把我们的缺点变成优点。老板对他的看法表示认同，并决定让广告部想新的广告创意，宣传他们的番茄酱之所以难倒出，是因为它的浓度高，而且味道好。最后，这家公司的番茄酱受到了顾客的欢迎，改变了滞销的状况，占据了市场。

像约翰一样，大多数的管理者接到的任务都会有一定难度。遇到这种情况的时候你是怎样做的呢？或许，你会因为任务不具备执行条件，或者具备的条件差而放弃这项工作。告诉你，你这种做法是完全错误的。这样做不仅会使你的能力停滞不前，也会使别人失去对你的信任。约翰接到的任务就是不具备执行条件的，困难是明摆着的，但是他自己创造了条件间接地完成了此项任务，虽然他没有在广告的具体工作上帮忙，但是他创造的条件帮助了公司。

所以，当管理者遇到没有条件去完成的任务时，先不要打退堂鼓，要先对你要完成的任务进行仔细地分析，看看它需要的执行条件哪些是你没有的，哪些是有的，对这些条件进行整合。如果是你的能力所不能解决的，你可以向老板要求给你增加一名助手。当然这名助手是要能弥补你能力缺憾的人。如果你的员工没有这样的人，你就不用再向老板请求支援了，你可以直接让他做助手，既给了他一个展示才华的机会，也让你的工作有了可以完成的条件。当然，寻求别人的帮助，并不是就说明你的能力有问题，恰恰相反，说明你有着良好的执行力，可以通过各种方法把工作做好。

如果任务的困难不是因为管理者自身的问题，而是因为任务本身不具备完成的条件，你可以不用按照规律从头开始一点一点地做，可以从任务的中间或最后开始做起，说不定你做的就会给前面的事情创造一些必要的条件。管理者还可以先不要急着做这件事情，先回顾一下你以前完成的工作，做到“前瞻后顾”，或许你要的条件就隐藏在其中的某个部分中。

当然，一个公司中不可能就只存在着你领导的一个部门，还会有和你部门平行的或比你部门级别低的部门。管理者可以把他们的工作与你的工作对比、分析一下：他们的工作会给你带来怎样的条件。文章开头的故事中，约翰就很好地做到了这一点，在他发现自己接受的任务有其他部门的协助可以做成功的时候，他就果断向老板说出了自己的看法，使任务圆满地完成。这不是你在推卸完成任务的责任，而是在给自己的工作创造条件。

一个合格的管理者，只要接到任务，都是要不折不扣执行的。不管任务有没有条件，有条件可以让你的工作更轻松，没有条件，你就要创造条件去执行！因为你的工作能不能做成不仅关系到上级对你的评价和自己的发展，也会影响到员工们对你的看法。所以在日常工作中管理者一定要谨记：有条件要执行，没有条件创造条件也要执行，千万不要轻易地对工作说‘不’！

☆ 走出创新思维的盲区

虽然许多企业管理者在表面上看已经对技术和产品创新非常熟悉，可实际上他们对创新的内涵并没有深刻的理解，甚至在认识上还存在着很多误区。企业管理者在认识上的误区导致他们在行为上的偏差，因此，企业要真正走上依靠技术创新不断发展的道路，就必须走出技术创新认识上的很多误区。

首先，**技术能力不等于技术创新能力**。管理者提高企业的技术创新能力，是企业开展技术创新工作的前提。但在技术创新能力的理解上，好多管理者并不是很准确很清晰的，多半把技术能力和技术创新能力等同起来。

技术能力和技术创新能力实际上是完全不同的两件事情。前者只是后者的一个构成要素，而且这一要素如果不与企业的市场适应能力、市场开拓能力以及企业内部的经营和管理能力有效地结合起来，是不能发挥其创新作用的。

开发项目不等于技术创新，大多数管理者自认为开展了技术创新，但实际并没有取得应有的效果。这反映出管理者在技术创新认识上存在的另一个误区。有些企业之所以自以为开展了技术创新，实际上是把上新项目和开发一两种产品与技术创新等同起来了。

当然技术创新最终要落实到项目上，许多管理者搞技术创新也把项目作为突破口，一些新兴的科技型企业也是靠一两个支柱项目起家的。但是，管理者把技术创新狭窄地理解为上新项目、开发新产品，则是不利于企业持续稳定发展的。

按照产品生命周期理论，每一种产品的发展，都要经历开发、投放、增长、成熟、衰退等几个阶段，我国研究技术创新问题的著名学者傅家骥认为：“一种产品的市场，不仅会趋于饱和而达到成熟化，

而且还会走向衰老或死亡，既而被别的产品的市场所替代。这种替代会使企业的命运发生戏剧性的变化，现行技术领域的领先者不可能成为新技术领域的领先者……”实际上，这正是企业必须持续开展技术创新的理由所在。如果管理者仅仅把目光盯在项目上，就很容易导致异样的认识，以为一两个项目开发成功就取得胜利了，开始故步自封、不思进取，结果在无情的市场竞争中不久被淘汰了。

英特尔总裁格鲁夫认为，企业管理者如果不能够看到阻碍公司发展的早期征兆的话，总有一天会导致企业的灾难。作为不确定时代的企业管理者，即使要想获得成功，也必须要拥有一种受迫害的精神：即要每时每刻提防竞争对手有可能的袭击，而最好的预防就是不断进行创新，以保证企业的领先优势。要求自己永远走在形势的前面，永远超前创新，发扬义无反顾的精神——即使手中还有正在挣大钱的产品，决不允许借口回避和喘息，全速开发新产品取而代之。从抛掉赚着大钱的储存芯片转产微处理芯片，到甘愿冒着被公众群起而攻之的危险进军个人 PC 市场，全都体现出格鲁夫“永远超前创新”的企业理念。

所以说，企业管理者对待创新的正确做法应该是，在选择和启动技术创新项目的同时，不光就项目抓项目，而应该把着眼点放在企业技术创新机制的建立和完善上。所谓技术创新机制的建立，用通俗的话讲，就是要形成“构思一代、试制一代、生产一代、销售一代”的机制。只有管理者持续不断地进行产品创新，才能创建永远不倒的市场。

虽然企业技术创新必须面向市场，但管理者不能把“面向市场”不单纯地理解为“市场需要什么就生产什么”，不能把目光仅仅盯在市场热销的产品上，产品开发消极地跟着市场走。而是要按产品生命周期理论，当一种产品在市场上热销时，事实上已处于产品生命周期的成熟期，紧接着就是衰退期的到来。当千军万马挤向这一相对狭窄的领域时，衰退期又会加快。管理者使企业消极适应市场只能是死路一条。

因此，作为企业的管理者要积极主动地去开发、去创造新的市场，一些技术创新取得成功的创业，全是管理者走在市场前沿想别人没有想的，做别人没有做的，敏锐地观察到潜在的市场需求。这就是技术创新要面向市场的真正内涵。当然，潜在的市场需求是不确定的，一种创新的产品能否占领市场，不单取决于用户的期望值，也在很大程度上取决于企业本身开拓市场的能力，还有企业承担社会风险的能力。

第14章

细节管理：不是做一件大事，而是要厘清万件小事

现实生活中，一些因小细节而发生的糟糕事件不仅会发生，而且比我们认为的出现概率要高出许多。所以，管理者抛弃侥幸心理，提前发现问题，并解决问题，是有效预防事故的根本之策，更是细节管理最核心的内容。

☆ 1%的错误会带来100%的失败

不管是个人生活，还是企业管理，任何一个事件，只要具有大于零的出错概率，我们就不能够假设它不会发生。正是人们通常误认为小概率事件不大可能发生，麻痹了人们的防范意识，加大了事故发生的可能性，结果受到了惩罚。

遥想轰动全球的“泰坦尼克号”，大家应该都知道。当年的建造者曾宣称：“这是一艘永不会沉没的轮船。”但结果呢？尽管泰坦尼克发生碰撞的海域（东普罗维登斯）远离冰川密集区，“不大可能”撞上冰川，但它还是撞上了。也正是因为觉得“不大可能”甚至“不可能”，轮船上才配备那么少的救生艇。

从某种意义上讲，侥幸心理是酿成很多祸患的条件、诱因、根源。在许多企业里，很多人对规章制度视而不见，有时是心存侥幸，认为糟糕的结果“不太可能”发生。然而事故的原因往往都是人们这种大意和侥幸引发而成的。

任何一件事，不可避免地隐藏着各式各样的隐患。**事故隐患就是管理中的细节，要消除安全事故，必须消除事故的隐患**。1981年，美国第一架航天飞机“哥伦比亚号”的成功发射，与科研人员在细节方面出色的管理有关。从另外一个角度来说，哥伦比亚号的成功发射也是消除事故隐患的结果，比如，航天飞机的每个运行系统和关键部件都会有相应的故障对策机制，这不仅保证了航天飞机的安全，还能让其顺利地完成任务。可见，只有在细节方面做到精心、细心，才能在关键时刻安心、放心。

即使我们在同一件事上取得了多次成功，仍然不能在思想上出现松懈，否则，在一帆风顺中逐渐忽视顺利之中隐藏的小问题，就会有大问题的产生。

比如，哥伦比亚号航天飞机成功发射后，美国又接连成功发射了“挑战者号”“发现号”“亚特兰蒂斯号”航天飞机。航天史上的成就不得不令美国人自豪，在美国人沉浸在成功的喜悦中时，他们万万没有想到，1986 年 1 月 28 日，第二架航天飞机“挑战者号”在升空 73 秒后爆炸，价值 12 亿美元的航天飞机顷刻间化为齑粉，坠入大西洋，七位宇航英雄饮恨长空。

这次空难使美国人接受了教训，此后美宇航局暂停了航天飞机发射任务。直到1988年才再次走上正轨。接着，航天事业又有了新的成就，又创造了很多世界纪录。然而，顺境中又出现了波折，2003 年第一架航天飞机“哥伦比亚号”又重演了“挑战者号”的悲剧，在返回地面过程中于空中解体，7 名宇航员无一生还。

从以上分析可以看出，我们任何时候都不能对小概率事件掉以轻心，一开始要重视细节，取得了一定成功更要持之以恒地消除隐患。只有重视细节、居安思危、常备不懈，才能尽量避免事故，或者由胜转败的结果发生。

☆ 事情的质变，往往出于一个微小问题

冰冻三尺非一日之寒。事物的突变往往就是在人们不知不觉的渐变中发生的。哲学上有“秃头论证”的理论，与这条有异曲同工之妙：当一个人头上掉一根头发时觉得很正常；再掉一根时不用担心；又掉了一根，仍旧不必忧虑……如此下去，一根根头发掉下去，最后秃头便出现了。

突变是在人们不知不觉的渐变中发生的，当你惊觉时，事物的性质早已走到了反面。我们的环境变化也是如此。森林正在减少，原本能在旷野见到的零星树木却再也见不到；野生动物正在减少；空气、水质正在恶化，臭氧层空洞正在扩大……

> 每起事故，不发生则已，一发生往往都是经不起检查的。只要一认真检查，问题必然不止一个，而是“成堆”。

众所周知，事物的“变”往往是发于“微”，始于“渐”，是从量变发展到质变的，量的积累往往不觉得，等到发生了质的蜕变，才大吃一惊。但是，一旦到了变质的境地，就悔之晚矣。

这使我们联想到一些企业中发生的事故。有的企业中存在着许多危及安全的“小违章”“小毛病”“小疏忽”等不起眼的“脱发”现象，有时大家明知不符合规定，却心存侥幸，认为几次小错没什么大不了，

不会对安全造成威胁。然而在每次事故分析时，我们不难发现，造成许多大事故的“秃顶”，原因往往都是由那些日常工作中不起眼的“脱发式”的小错引发而成的。正是这些被忽视的微不足道的小问题由量变到质变，最终叠加在一起酿成了灾难性恶果。

德国飞机涡轮发动机的发明者帕布斯·海恩提出：29次轻微事故、300起未遂先兆以及1000起事故隐患，之后必然导致1起严重事故的发生。事件的发生是量的积累，那些轻微问题、未遂先兆和事故隐患只要稍加留意就可发现。但若不及时检查和处理，事故与损失就不可避免。

企业中的纪律性是强还是弱，也是同样的道理。有一个员工迟到，我们不处罚，没有去管理他，就好比掉了一根头发而不去管它，认为迟到不过是小事一桩。后来，有一个员工旷工，我们还是认为没关系，仍漠然视之。当有一天我们突然发现，企业进入了一种瘫痪、混乱的状态时，要想挽救回来就难了。毕竟，头发掉光了再让它长起来，就算用再好的药，也需要很长一段时间才有可能长起来。

企业产品的兴衰亦是如此。一些企业原先产品在市场很是兴盛，但随着时间的推移，销售渐渐不如从前，有些产品变成昨日的辉煌，有些更是走进难销甚至没人要的境地，哪里出现问题连这些企业自己都不知。其实，企业输掉市场，关键的问题还在于产品的小问题上。譬如最初产品销路好，质量关把得不严，今天有点小问题忽略了，明天有点小毛病不计了，时间长了，标准一降再降，问题一放再放，慢慢地质量问题越来越多，产品质量越来越差，到最后用户不敢用其产品，失去市场是必然的。

所以，对于看似不起眼的小事，管理者应参考建议，重视日常检查，发现问题就要及时矫正和补救，避免积重难返。

☆ “差不多”心理，会让工作漏洞百出

在现实生活中，大而化之，马马虎虎的人大有人在，我们常能听到这类词语：差不多、基本上、大概过得去、还行吧、凑合……

正是因为我们有“差不多”的心理，工作中才漏洞百出，产品才缺乏竞争力。因为“差不多”，我们的企业被拒之门外，我们的产品总是被打上二等货色的标签，看似与一等品只差一点，但我们的效益却与生产一等品的公司差很多。

所以，不要小看了“差一点”，每个环节差一点，到后来就会是天壤之别。

《读者》杂志中曾刊登过一篇文章，文中提到这样一个等式：90%×90%×90%×90%×90%=59%。工作中，很多人认为把工作做到59%会被炒鱿鱼，做到100%太困难、太辛苦，也不现实，所以做到90%就已经很不错、很满足了。殊不知，公司是由许多环节环环相扣构成的，很不错的90%，五个环节之后，带来的结果就是59%——一个不及格的分数。假如一个产品由100道工序组成，后果又将如何呢？

工作过程经不起打折。在传递的过程中，每个环节都力争做到

100 分，才能保证接下去的传递不出问题。我们的许多工作都涉及多个环节，且程序严密、环环相扣、互为支撑，上一个环节为下一个环节奠定基础，下一个环节的工作开展以上一个环节完成情况为条件，一个环节出现问题就可能直接导致最终的目标无法实现。比如我们的竞争情报收集工作，从各单位对各类情报的数据、资料收集、市场部的整理、反馈、作出判断，最后到提供及时准确的竞争信息供公司领导参考，在下游无论哪一个环节出现纰漏，都会直接导致数据失真，从而影响决策的科学性。

提出“零缺陷”的质量管理大师克劳斯比曾引述一个化学家的研究成果。他说：人类和大猩猩、黑猩猩的 DNA 极为相似，只有 1% 的差异。但正是这 1%，把人类同动物分开。克劳斯比谈到管理时说：“**一个由数以百万计的个人行动所构成的公司（每个人每天要执行许多不同的行动），经不起其中 1% 或 2% 的行动偏离正轨。**”

也许在生活中，对事情看得破、想得开、不计较，能缓解压力，逍遥生活；不过在工作上，“差不多”的心态却是必须要杜绝的，因为哪怕一个小环节出了问题，不仅会导致组织难以获得利润，甚至还会因不慎而造成重大事故。

在企业里，许多人做事不讲精益求精，只求差不多。不少人面对工作总是将“差不多”挂在嘴边。在这种意识的作用下，工作自然会出一些漏子，而当问题出现后，又总是给自己找借口：“不就是螺钉拧歪了吗？又影响不了大局！”“不就是报表里错了一个数字吗？下次注意点就行了。”“不就是文件页码装订错了吗，下不为例就是了。”如此等等。因此，尽管从表面来看，他们也很努力，也付出了很多，但结果却总是无法令人满意。

差不多到底差多少，美国人对此专门做了个研究，列出一组数据很能说明问题。一项工作如果99.9%的达标就算圆满的话，那么，在美国每年会有近23万只不成双的鞋被船运走，会有2万个患者的处方被误开，会有5.5万盒饮料质量不合格，会有4280个新生儿被错交到其他婴儿父母的手中，会有730架飞机的安全得不到保障，甚至坠毁。

可是有人却忽略了因“差不多”造成的后果，殊不知，成与败，说起来好像十分遥远，但事实上，往往就只差那么一点点。

所以，我们每个人、每个企业，都要记住这条，努力避免陷入这个误区当中去。无论做什么事情，都要多问自己几次“真的可以‘差不多’吗？差的那一点会给自己、给公司、给顾客带来什么危害？”只有如此，我们才能真正杜绝“失之毫厘，谬以千里”的遗憾。

☆ 没什么事情像看上去一样简单

在企业中，无论是管理者还是普通员工，大多愿意去关注那些复杂的工作，而对那些简单的工作不屑一顾。其实，任何事情都没有看起来那么简单，越是简单的事情越是容易出错。

相信大家在街头巷尾看见过这样一种简单的游戏：连续从1写到600，不能出错（不出现漏写、颠倒，中途也没有涂抹、修改）。如果出错了，你交的押金不再返还；没出错的话，不但返还，而且还有礼品拿，甚至直接返还给你价值数倍的财物。

对于稍有文化的人来说，写错数字的概率貌似非常小。但观察一会这个小游戏，或者自己亲自做过之后就会发现：这件事看似简单，却鲜有人能完全写对。

有什么工作比这种写数字的游戏还简单吗？

人的心理是一个很奇妙的东西，认为一件事简单就放松警惕，导致注意力不集中而犯一些非常低级的错误；认为一件事情不简单，便在心理上暗示自己要认真，要小心，结果复杂的事反而没犯那么多错。

工作中无小事，任何惊天动地的大事，都是由一个又一个小事构成的。单位中的每一个员工，都是单位运转的一个小环节，工作质量会影响到整个企业的工作质量。

随着现在企业分工越来越细，其中能够决定大事要事的高层管理者毕竟是少数，绝大多数工作人员，包括中基层领导从事的还是相对简单的小事。如果每个人都天天想着怎么尽快出成绩，怎么一下子就干出点惊天动地的大事，好让人刮目相看，但却没有对工作中细节的负责到位，结果就会漏洞百出，错误不断，甚至酿成大祸。

我国伟大的思想家老子在几千年前就说过：“**天下难事，必做于易；天下大事，必作于细。**”荀子有言：“不积跬步，无以至千里，不积小流，无以成江海。”李斯《谏逐客书》有云：“泰山不拒细壤，故能成其高，江海不择细流，故能就其深。”惠普公司创始人戴维·帕卡德认为“小事成就大事，细节成就完美。”细节管理专家汪中求先生在《细节决定成败》一书指出：“大礼不辞小让，细节决定成败。在现代组织中想做大事的人很多，但愿意把小事做细的人很少。我们的组织不缺少雄韬伟略的战略家，缺少的是精益求精的执行者。”这些见解和理论都充分说明，任何事情的成功，必须从简单的事情做起，从细微之处着手，细节的处理对最终的结果起着决定作用。

不论什么事，实际上都是由一些细节组成的。我们综观中外许多著名企业的成功之道，它们之所以能有杰出的成就，就是注重细节的结果。

被商业界誉为世界上最贵的字母“M”，麦当劳详细科学测算出92厘米是拿取食物、放置钱币的最合适高度，因此规定全世界的分店销售柜台高度做成92厘米，铸就成为快速食品第一帝国。其竞争对手肯德基，在食品的制造工艺上，严格规定鸡块要在面浆中拿进拿出15次后再进行烹炸，每种作料搭配的精确分量、切青菜与肉菜的先后顺序与刀刃宽窄、烹煮时间的分秒等都有明确规定。世界“零售第一巨头”沃尔玛规定所有出现在卖场的员工，要对周围3米距离内的顾客致以微笑，并规定微笑时要露出8颗牙齿。西点军校对学员的细节要求可以用严酷来形容，同时按照军事的执行力来管理，造就了大量的社会精英和管理专家。

越是高端的竞争越是细节的竞争。细节管理水平是企业管理水平的“测度仪”，细节管理能力是管理革命的“引爆点”，它决定了企业运营发展的成效和速率。

托尔斯泰曾说过：**“一个人的价值不是以数量而是以他的深度来衡量的，成功者的共同特点，就是能做小事情，能够抓住生活中的一些细节。”**人是如此，企业也一样。企业中再简单的工作，都不可掉以轻心，企业只有牢记，在细节管理上多下点工夫，才会有完美的产品和服务，才能获得所向披靡的竞争力。

第15章

企业文化：充分发挥企业文化的激励功能

企业文化，是一个企业综合实力的体现，也反映了一个企业的文明程度。企业文化可以最大限度地统一员工的意志，规范员工的行为，增强员工的凝聚力和向心力，以此来服务于企业目标。

☆ 企业文化具有强大的功能

企业文化是一个内涵比较丰富的概念，我们这里所说的企业文化，不是指在企业中搞各种文化活动，而是指企业的观念形态、企业奉行的基本价值及其表现形式，如企业精神等。具体来说，企业文化又叫做组织文化，是一个组织长期提炼培育逐步形成的一种适合本组织特点的经营理念，是组织群体特有的价值观、行为规范及奖惩规则等的总和。企业文化是员工在经营活动中所创造的、具有本企业特色的群体意识和行为规范、产品服务等，其中蕴含的价值观和企业精神是企业文化的核心内容。

西方学者对企业文化也有着具体的定义，大都指一个组织，例如企业、公司内形成的独特的文化观念、价值、历史传统、习惯、作风、道德规范和生产观念，并依赖于这些文化组织各种内部力量，统一于共同的指导思想和经营哲学之中。如美国学者彼得斯和沃特曼把企业文化定义为：汲取传统文化精华，结合当代先进管理思想与策略，为企业员工构建一套明确的价值观念和行为规范，创设一个良好的环境气氛，以帮助整个企业进行经营活动。他们都强调企业文化的内涵主要是价值观。

之所以说企业文化具有强大的功能，就是指企业文化发生作用的能力，也即企业这一系统在企业文化导向下进行生产、经营、管理中的作用。管理者只有全面深刻地理解企业文化，才能全方位、多层次地认识和开发其对员工积极性的功能。这种强大的功能主要表现为：

首先是导向功能。企业文化对企业员工行为具有导向的功能，体现在规定企业行为的价值取向、明确企业的行动目标、确立企业的规章制度和行为方式。

导向功能同时也包括对员工的约束、自控、凝聚。指企业通过制度文化、伦理道德规范约束企业全体员工的言行，使企业领导和员工在一定的范围内活动；企业通过广大员工认可的价值观而获得的一种控制功能来达到企业文化的自我控制；企业文化将企业员工紧紧的联系在一起，同心协力，共同奋斗，具体通过目标凝聚、价值凝聚、理想凝聚来实现。

其次是激励功能和调适功能。激励功能是指最大限度地激发员工的积极性和首创精神。具体包括信任激励、关心激励和宣泄激励。调适功能是指为员工创造一种良好环境和氛围，给员工以心理调适、人际关系调适、环境调适、氛围调适。

最后是辐射功能。企业文化还有不断向社会发散的功能，主要途径有：软件辐射，即企业精神，企业价值观、企业伦理道德规范等发散和辐射；产品辐射，即企业以产品为载体对外辐射；人员辐射，即通过员工自觉或不自觉的言行所体现的企业价值观和企业精神，向社会传播企业文化；宣传辐射，即通过具体的宣传工作使企业文化得到传播。

企业文化的功能与企业理念的功能多有重复或相近似，而企业理念作为企业文化的核心，其主导与提携作用是十分明确的。企业理念的核心地位为世界上一批又一批企业的成功经验所证明的。正确的理念是企业存在和运行的精神支柱，是企业发展的动力之源。

在激烈的市场竞争中，企业如果没有一个自上而下的统一目标，是很难参与市场角逐的，更难于在竞争中求得发展。企业文化的作用正是将全体员工的事业心和成功欲望化为具体的奋斗目标、信条和行为准则。

由此可见，企业文化不仅能激励下属，还可以树立良好的企业形象，推动企业健康稳定的发展。

☆ 要让企业文化“落地有声”

众所周知，企业文化的来源是多方面的，比如：有企业管理中形成的企业家文化；有企业员工在工作过程中形成的员工文化；有本行业独具的特色文化；有身处其中的地域文化；有受其影响的外来文化等。但企业管理者一定要意识到文化根基的重要性，并在管理中高调提倡企业文化的根基建设。

管理中我们看到有的企业在企业文化构建中，管理者一味求新求洋，忽视了优良传统文化的传承；一味追求文字华丽，缺乏深层次、内涵性的东西；一味效仿照搬，失去了本企业的个性特色。管理者这样“构建”出的文化，很难与企业员工产生心理契合，这样就会与经营管理形成“两张皮”，只能是“水中月、镜中花”。

所以，企业文化建设要突破“引进、移植、组装”的误区，必须按照企业发展的要求而进行。具体而言，就是要求管理者坚持“以我为主，适采众长，融合提炼，自成一家”的方针。管理者构建企业文化，不是在一块空地上“塑造”，而是在原有文化基础上“提炼、提升和明晰”，因此，管理者要把着力点放在“固根强本”上。纵观近20年来中国企业文化建设的历程，应该承认，国内企业偏重于对西方企业文化理论的引进借鉴，而对中国传统文化、特别是本企业优秀文化的挖掘和提炼还远远不够。但是，还是有一些优秀企业为我们做了良好的榜样作用，比如：北京同仁堂这块金字招牌几百年不倒，靠的就是“炮制虽繁必不敢省人工，品味虽贵必不敢减物力”的传统文化定力；海尔“只有合格产品，没有等级区分”的质量理念，就是从“砸76台冰箱”的企业故事中总结提炼而成的，其魅力、优势就在于此。

因此，管理者要想构建全员认同的优秀企业文化，就应该着力做好以下几项工作：

首先是组织推进。管理者要明确，各级“一把手”是企业文化的第一宣传者、第一推动者、第一责任人，所以要把企业文化作为“一把手工程”来推进。

其次是强化培训。管理者把员工塑造成“企业人”是企业文化建设的根本目的。管理者要想把一个自然人、社会人塑造成一个“企业人”，就必须用优秀的同一文化内化员工的思维模式，而这主要依靠的就是培训。通过培训要让每一个员工都明白企业文化是什么，为什么要构建这样的企业文化，个人与企业文化的关系，如何体现企业文化等。只有企业全体员工都从内心认同了本企业的文化，企业文化才能进一步内化为员工的价值追求和自觉行动，从而形成企业的文化力。

第三是实例引导。由于企业的观念文化比较抽象，所以管理者可以通过生动形象地方式对员工进行宣传教育。一是把“精神人格化”。比如，大庆石油人把大庆精神人格化，持续深入地开展“学铁人、立新功”的主题教育活动，强化了全员对企业精神的理解。二是把“理念故事化”。比如，蒙牛集团通过非洲大草原“狮子与羚羊”的故事，生动地阐释了“物竞天择、适者生存”的竞争理念。三是把“规范案例化”。比如，管理者可以运用正反案例的“震撼效应”，加深行为规范对员工的指引力度，使之入脑入心。

最后是营造氛围。心理学研究表明，一个人长期处于一种观念的熏陶下，潜移默化，内心深处就会认同这种观念。因此，管理者要充分利用各种载体、各种渠道、各种形式大力宣传企业文化，在企业内部营造一种浓浓的文化氛围。在这种氛围下，管理者应该不求立竿见影之效，而求滴水穿石之功，久而久之，员工就会自觉认同企业文化。

此外，管理者可以用制度、机制来反映文化理念，将已取得的文化建设成果用规章、制度固定下来，既可以对员工进行价值观的导向，又可以作为企业制度化的规范。我们知道员工对企业文化由认知认同到自觉践行是一个从不自觉到自觉、从不习惯到习惯的过程。在这个过程中，制度文化的刚性约束与观念文化的柔性疏导相辅相成，可以有效克服人的“惰性”，从而使企业文化的贯彻变得流畅而坚实。

总而言之，管理者要想使企业文化真正“落地”，使企业文化真正地为企业的发展服务，就必须从企业自身的特点出发，把企业文化与员工融合落实到位，同时还要加以制度化保障。

☆ 优秀的企业文化都具有兼容性

如果一个企业的企业文化只是在本企业里非常有用，离开了这个企业或者离开了这个国家就没有用，那么这个企业文化就不是真正意义上的优秀的企业文化。真正优秀的企业文化应该具有极强的兼容性。

比如海尔的文化。从国际来说，美国哈佛大学MBA案例中收入了海尔兼并青岛的一个洗衣机厂、合肥的一个电视机厂的案例。像海尔在兼并青岛的洗衣机厂时，并没有注入资金，只是派了三个人去，用海尔的企业文化、管理模式救活了这个企业。合肥的电视机厂，是一个有40多年历史的国有老企业，海尔派管理人员去了之后短时间内就使其从亏损状态转为赢利状态。但其间发生了很大的冲突，当时200多人上街闹事，排斥海尔的企业文化和管理模式，认为海尔的管理太严，他们受不了。但现在员工的工资是原来的好几倍，为什么干不了呢？他们说，原来的工资少我可以不干活儿，现在工资虽然是过去的几倍，但这么严格的工作受不了。这个严格要看从哪方面去看，与过去比是严格，但按照用户要求来看是非常不严格的。用户不会因为你现在工作紧张、因为你受不了而原谅你的问题。这个问题的本质就是企业文化的碰撞，在某种意义上说也是好事。海尔要求大家来讨论，如果通过讨论能够统一到一个思想上来，那么大家一起继续干，如果统一不起来，那么海尔会和平撤离。最后结果还是需要这样做，因此这个厂现在还是不错的。

美国的哥伦比亚大学有一研究成果：1951年日本的第一台收音机进入美国市场，经过20年后，销售量达到了15亿美元；1991年海尔的第一台电冰箱进入美国市场，比日本晚了40年，但海尔用10年的时间销售量也达到了15亿美元，达到同样的销量，海尔少用了一半的时间。这其中本土化起着重要的作用。

海尔在美国的贸易公司的经理就是招聘了一位美国人。当时要求海尔的产品通过他进入美国的四大连锁店。这位美国人当时认为这不可能，举例说：美国的知名品牌如GE、惠而浦等用了很长时间才进入，而海尔要求当年进入是不可能的。海尔的回答是要创新，如果用GE相同的方法，将永远也进不去。要换一种思路，企业文化的核心就是要沟通好，具体的做法由他来想办法。他想了很多办法，如沃尔玛的总部在美国阿肯色州，在沃尔玛的总部旁边竖了一个广告牌，他们的老总进出能够看到，以引起他的重视。

这个广告在当时还引起了纠纷：美国的一家大型建筑公司，告海尔侵犯了美国法律，说为什么广告牌上有“世界顶级”的字样？海尔在竖广告牌之前已经与当地的律师咨询，说的是“世界顶级之一”，没有说海尔是“世界顶级”。这是海尔前期做了许多调查后，本土化运作的一个方面。

又如，在美国南卡州的工厂，按照海尔的管理，员工干得好、干得坏都要公布。而在美国的传统管理中，只能公布干得好的，不能公布干得不好的，所以当地员工无法接受海尔的管理模式。但海尔要求必须有正激励与负激励并存，具体怎样表现由经理来定。这个经理也是美国人，但怎样让美国人来接受这种方式呢？最后，他用一个很简单的方法就解决了：用玩具熊与玩具小猪来表现，干得好的发一个玩具熊，干得不好的发给他一个玩具猪，问题解决了，并达到了预期的目的。这说明了两种文化的不同，以强制的方式要求对方接受是不太可能的，但可以采取一种方法，做到双方都能够接受。

国外企业界有一种说法：最难的是成功之后再成功一次。因为第二次做的时候思维方式往往会用第一次成功的思维方式去处理，容易被第一次成功的思维方式所束缚。如果你以不变应万变，那么不可能成功，只能是一变再变。

海尔发展到现在，也面临着很多的问题，特别是全球化竞争，面对国际市场，竞争很激烈。用海尔的话说：永远战战兢兢，永远如履薄冰。每一天都认真对待，每一天都是新的。用中国古代哲人一句话来说：只要找到了路，就不会嫌路长。

因此，身为一个管理者，在发展自己企业文化的同时，一定要懂得不同文化之间的碰撞和融合。如果管理者处理不好，就可能使企业文化因不适合社会大环境的文化，最终导致企业的失败。这就要求企业文化要有一定的兼容性，就要求管理者灵活地运用企业文化，这样才能让企业文化呈现出更积极、更强大的作用。

☆ 保持企业文化与企业形象的统一

一个企业之所以被市场认识，关键是它必须有与众不同之处，这就是企业的形象。从企业文化操作的角度来看，主要是指企业的CI（企业识别系统）。CI共分三个层面，即：视觉识别（VI）、行为识别（BI）、理念识别（MI）。如果说视觉识别（VI）是外在的表，那么理念识别（MI）则是内在的质。一个文质兼备的人，他的言行（行为识别）肯定是彬彬有礼的。对于企业识别，人们最熟悉的就是视觉识别。但对企业来讲，其实纯粹的视觉识别是没有什么实际意义的。视觉识别只有与行为识别结合在一起才有意义和内涵。一个企业只有具备与众不同的、良好的行为识别才能给社会公众留下美好的印象，这样在人们看到企业的标志时就会联想到企业与众不同的行为表现。

所以，对于企业形象来说，重要的不是企业设计制作了什么的图文视觉标志，也不在于企业赋予了它什么含义，关键是企业做了什么，其中也包括企业每一名员工的行为。这个行为识别包含企业每位员工个体的语言、行为以及整个组织的言行。企业成员做了好的事情，自然会给企业的视觉识别增添积极的附加值，反之，则增添负面的附加值。

企业及其成员的日常言行构成了这个企业的行为识别系统，而这些行为识别的具体内容将附加在企业的视觉识别系统之中，通过各种展示方式展示给人们。视觉识别的存在和运动则传递着企业的行为识别。如人们通过乘坐某航空公司的飞机，会感受到机组人员的服务质量、机内环境状况等，这些感受一旦形成之后，不论在哪里，只要他看到或听到某某航空公司的名字、看到某某航空公司特定的图文标志等，就会立即感受到航空公司的班机与服务。所以，企业标志的寓意不是公司阐释成什么样就是什么样，而是企业行为识别是什么样，它就是什么样。

而一个企业之所以能够长期给人与众不同的行为识别，企业的成员能有与众不同的精神风貌，关键是企业有与众不同的企业理念。比如海尔的“真诚到永远”，支撑着海尔与众不同的服务质量；沃尔玛的“永远让顾客买到最便宜的商品”的理念，决定了它在全球范围内实施着最低价的商品采购战略，其一切经营管理手段都与此理念不无关系。但是这些理念性的东西顾客能否接受，关键不在顾客，而在企业的行为。企业能否把这些理念落实到具体的行为上，则决定着顾客接受的程度。如果海尔的“真诚到永远”只停留在口号上，没有落实到经营管理的每一环节上，顾客是不买账的；同样，如果沃尔玛没有把“让顾客永远买到最便宜的商品”的理念落实到经营管理的每一环节，落实到每一名员工的行为上，那么顾客也将离它而去。

所以，顾客接受企业的文化理念，绝不是接受一句漂亮的口号，而是接受这理念渗透融入每一名员工的灵魂深处后，外化出来的日常行为习惯。精确地讲，就是客户能否在企业这里寻找到物超所值的感觉。如果客户能寻找到这种感觉，那就说明企业的理念落地了。理念是一个人的灵魂，也是一个企业的灵魂，那么如何让这灵魂性的东西落地呢？也就是说如何让企业的文化和企业的形象统一呢？

1. 企业的理念一定要是全体员工的理念

企业的理念不要只是高层或老总的个人理念，要防止老总或领导班子几个人一商量就下发全员推广操作的做法。管理者适宜的做法是：一是要寻求企业现存的、最具广泛性的正面理念；二是要加进去企业主管所希望的价值观；三是把初次提炼出来的理念条款尽可能广泛地征求员工的意见，走民主的道路，让全员参与；四是要征求一下专家的意见，凝练升华。这样得来的理念就有群众基础，即使不是全员的理念，经过上述过程也全员化了。

2. 管理者要大张旗鼓地进行宣传推广

管理者要让每一名员工都知道，都尽可能地理解领会，进而让企业理念深入每一名员工的内心。

3. 印制成册，讨论学习

管理者可以把理念以及由理念派生的理念系列，结合企业的视觉识别和行为识别，使之标准化后印制成册，成为企业员工随时随地可以浏览学习和讨论的标准。

4. 通过培训让理念更好地为企业的经营管理服务

管理者可以通过加强培训，不断提高全员素养，把培训工作作为日常性工作。不但新员工要培训，老员工也要经常轮训，尤其领导班子更要经常地学习、训练和研讨。同时，管理者也要不断完善操作流程和制度，使每一流程都能体现出理念的精髓。此外，管理者还要加强监管和技术防范，要带领全体员工不断推陈出新。

5. 坚持不懈，必有成效

企业只要坚持不懈地将理念落实于企业日常的经营管理工作中，日积月累，企业的理念必将通过全员的日常行为体现出来，形成企业的整体统一的行为识别。只要是好的理念顾客自然接受，顾客自然会购买你的产品，接受你的服务，心甘情愿地为你付费。

6. 企业理念识别系统的建立和完善，要伴随企业的发展全过程

企业不可能在最初创业时就有完整的理念识别系统，虽然老板可以喊几句漂亮的口号，但那不是理念。真正的企业理念就是深深融入每一个组织成员的思想深处，物化为每个经营管理的细节。企业理念在每一个企业员工身上都有烙印，在企业每一角落链环上都能闪烁。因此，企业的理念不是朝夕之功。当然，作为企业还应当尽快缩短理念认同的时间过程，因此企业在选聘员工时，要注意理念的一致性，不要选聘理念悬差太大者。

所以理念识别才是支撑一个人、一个组织持久行为的根本原因。作为管理者，就要懂得将企业文化和企业形象统一起来，创造出与众不同的企业文化内涵，使它成为企业的一个独特标志，无论顾客在何时看到它，都会想起与它相吻合的企业形象。

☆ 发挥文化的整合力来提升企业战斗力

有相当多的管理者对于企业文化的认识存在误区。他们认为企业的文化就是自己的文化，自己设定一个什么样的文化、什么样的制度，员工就应该照葫芦画瓢。不管这个瓢是圆是扁，作为下属只管照样子画就对了。如果员工有什么疑义那就是对领导的不忠，对企业的不忠，就该受到惩罚，甚至应该走人。然而，长此以往，企业就会形成以老板文化为核心的奴化式的企业文化。在这样的企业里，把大家“凝聚”在一起的共同基础不是真正的精神内核，不是共同的愿景目标和价值观，而仅仅是薪水而已。很难想象这样的企业文化能给企业带来多少凝聚力和创造力。那么，如果没有了凝聚力，企业还能坚持多久呢？还能走多远呢？

所以说，正确的、优秀的企业文化应该得到全体员工的认同，能成为员工的自觉之物，形成一种强大的自然整合力。实际上，文化的根本标志就在于它的自动整合功能，它强大得无须再强调或者强制，它不知不觉地影响着每个人的思想和精神，从而最终成为一种自觉的群体意识。只有达到这种程度，一个企业的价值理念体系才可能更好地形成，也才能更大地提升企业的战斗力。

曾经有一位教官向给学员们出了这样一道题目：“现在由你来领

导本班，让大家全部自动走出室外，切记！要大家心甘情愿！”

第一位学员不知道怎么办才好，回到座位。

第二位学员对全班的学员说：“教官要我命令你们都出去，听到没有？！”全班没有一个人走出室外。

第三位学员是这么做的：“大家都听好了，现在教室要打扫，请各位离开！”但仍然还有一部分人留在教室内，值日生在待命扫地。

第四位学员看了纸片上的题目一眼后，微笑着对大家说：“好了，各位，午餐时间到了，现在下课！”不出数秒钟，全教室的人都走光了。

由此可见，让别人为自己做事，而且是心甘情愿，该怎么说、如何说，都是一门艺术。用权威来压人或者讲大道理来说服，都不会收到好的效果。只有将自己的目的和对方的意愿或者切身利益结合起来，才能得到双赢的结果。

因此，对于一个企业而言，要想让员工全心全意地热爱、信仰、遵从企业文化，最好的办法不是强制其全盘被动地接受，而是让他们参与进来。只有员工自己参与了，有关员工的切身利益、自身目标和企业的利益、愿景目标达成一致了，员工才会从心底到行动都接受和认同企业文化。

管理者要想让员工从心底到行动都接受和认同企业文化，就必须努力在企业和员工之间建立起一种长期的相互信任和相互依赖的关系。只有以长期雇用为出发点，以外部劳动力市场为依托，强调对员工个人能力的培养与开发，重视客观公正的绩效考核，注意公平合理性，强化企业与员工之间的互利合作意识以及一般员工的参与意识，才能得到员工的信任并最终留住员工。然后，还要在各项具体的人力资源管理政策与实践上，注意积极推动企业的文化建设。总体上，需要注意以下五点：

一是企业在制定每一项人力资源管理政策和制度的时候，都必须树立“人高于一切”的价值观，并坚持将这一观念贯穿于企业的所有人力资源管理活动之中。企业及其管理人员必须承认，员工是企业最为重要的资产，他们不仅值得信任、需要被尊重和公平对待、能够参与决策，而且每个人都有自我成长和发挥全部潜力的内在动力。

二是努力贯彻以价值观为基础的雇佣政策。企业在招募和挑选新员工时就应当注意执行以价值观（即符合企业文化要求的价值观）为标准的雇佣政策。利用精心组织的面谈等手段判断和确定求职者的价值观（如追求卓越、合作精神等）与企业的主导价值观是否一致。

三是为员工提供就业保障和相对公平合理的报酬。首先，企业尽量避免因外部原因随意解雇员工，从而为员工提供一种长期的工作机会。其次，企业为员工提供包括高于市场一般水平的工资奖金和额外福利在内的一整套报酬，并且使员工有机会分享企业的利润。这两个方面的内容都是要促使员工将自己看成是企业共同体中的一员。

四是通过工作组织形式的调整和参与管理，在员工中创造一种团结合作和共同奋斗的价值观。这包括：建立企业与员工进行双向沟通的正式渠道和员工参与管理的办法，确保员工受到公平对待，并切实保障雇员享有参与管理的机会。

五是制定各种人力资源开发计划，努力满足员工的各种自我实现需要。不仅保证员工有机会在工作中充分发挥自己的技艺和能力，而且为员工个人提供长期发展的机会，注意从长期职业生涯的角度来帮助他们设计、实践个人的职业目标。为此，企业应致力于广泛运用工作轮换、在职以及脱产培训、内部晋升、组织团队、绩效评价以及职业生涯设计等各种手段来帮助员工进行自我提高和自我发展。

总之，通过建立正确有效的企业文化，管理者可以构筑全体员工共同的价值观，进而改变落后的、消极的思维方式和工作模式。这样，企业文化就可以充分发挥它的激励功能，就可以转化成企业战无不胜的战斗力。

第16章

企业目标：让企业实现目标成为员工的理想

目标是任何一个企业存在的理由和运作的动力。心理学上把目标称为诱因。合适的目标能够诱发人的动机，规定行为的方向。让企业实现目标成为员工的理想，是每个人管理者所面临的最为紧要的问题。

☆ 目标多元化，会让企业失去方向

我们知道，目标是活动的预期目的，为活动指明方向。对个人而言，目标是人生的目的地，有了一个明确的目的地，就有了方向，也就可以心无旁骛，就不会把金子般的光阴浪费在无关宏旨的事情上；对于组织来说，一个明确的目标就是指引组织航行的灯塔，有了它，组织之船才能满载货物靠岸。

明确地指出：如果一个人想要的太多，树立很多人生目标，就会把精力分散在好几件事情上，难免要迷失人生方向；如果一个企业的目标太多，同样也会导致失去目标。

现实中，有不少企业本来在某一领域做得很好，销售额也很大，利润也很可观，在同行业里面已经算是佼佼者了。但是很快就以为自己做什么都行，所以就盲目搞多元化，结果是绝大部分归于失败。

盲目的多元化并不能使企业走向成功。盲目多元化导致组织整体失去目标，没有方向感。对于一个企业来说，战略目标的重要性毋庸置疑，而战略目标传递的重要性也已经成为企业界的共识，让所有员工很清楚自己的具体工作对企业的贡献，并向着企业的战略目标努力，企业才能成功。而盲目的开展多项业务使得企业目标变得模糊，负责不同产品的员工目标大不一样，大家都在“各忙各的”，互相之间也缺乏沟通，企业整体目标自然是难以统一。

企业的资源是有限的，由于盲目地运营多个产品，就像撒胡椒面一样，撒的东西很小很细，撒出去就看不到了，事情做了不少，时间和经费花了不少，但收益甚微；由于资金分散，企业在周转资金不足时只好选择负债经营，很容易使企业陷入债务陷阱而不能自拔。同时公司管理层对每个产品投入的精力也非常有限，在一些产品发展的重大问题上，很难有充分的时间和精力进行合理决策。为了解决问题，只能增多机构，导致机构膨胀。

而且，盲目多元化使企业进入完全不熟悉的行业，会使企业建立起的核心竞争力被肢解分化，很容易使企业在新行业中遭遇断臂之苦；而在自己原本熟悉的行业里，也会因为核心竞争力的削弱而遭遇失败甚至死亡。

相比较而言，走专业化的发展道路，更有利于企业核心竞争力的发挥，持久保持竞争优势。

专业化的发展模式使企业的战略目标是统一的，上下同心自然较容易取胜。在这种情况下，企业可以把资源全部集中于核心产品上，从而使核心竞争力得以曾强。专业化也会使企业的特色更为突出，使消费者对公司形成的印象更为清晰，而盲目采用多元化往往搞得消费者不明白企业自身是做什么的，因而无法记住，难以形成消费忠诚度。

当然，专业化并不是说企业必须把自己严格局限在一两个产品上。如果企业在主营业务方面已经足够优秀了或产业的利润空间很小时，企业也可以根据自己的核心竞争力向有关的产业延伸，向差异化方向发展，进行“相关多元化”。

相关多元化是指进入与公司现在的业务在价值链上拥有竞争性的，有价值的“战略匹配关系”的新业务。相关多元化产品带的多元化，以及同产业链的多元化，这种多元化是基于资源的相关，是建立在核心竞争力的基础之上的，对核心竞争力的影响不大，所以不会导致所说的迷失目标。

☆ 够得着的目标对员工最有吸引力

企业需要一个目标，而不是多个目标，这个目标表明了企业存在的理由，能够为企业运行过程中的决策提供参照物，同时能成为判断企业进步的可行标准，而且为企业全体成员提供一个合作和共担责任的焦点。它创造出“众人是一体”的感觉，并遍布组织全身的活动，而使各种不同的活动融合起来。

合适的目标能够诱发人的动机，组织目标对个体有一种心理引力，管理者要善于通过目标的设置来激发员工的动机，指导员工的行为，使员工的个人需要与组织的目标结合起来，以激励他们的积极性。

那么，如何设定企业的目标？是高标准的好还是低标准的好呢？

人都有这样的心理：如果不努力就能得到会让人感觉没劲，而如果怎么努力都得不到更会让人觉得没劲。

我们不妨先看一个心理实验：

幼儿园的老师把几只漂亮的纸蝴蝶悬挂在空中分别让三个组的孩子去抓。在第一组，老师把纸蝴蝶挂得很低，孩子看到颜色鲜艳的纸蝴蝶，一开始兴致很高，伸手抓住玩了一会儿，然后去玩别的了。在第二组，老师把纸蝴蝶挂得很高，孩子们很想得到美丽的只蝴蝶，纷纷跳起来，一次，两次……几次以后，没有一个孩子抓得到，也都转移注意力玩别的去了。在第三组，把蝴蝶系在一根竹竿上，老师拿住竹竿另一头，在孩子中间来回晃动，高度以孩子跳起来能抓得到为宜，抓到就送给他。这回，孩子们的兴趣明显高了许多，大家纷纷跳个不停。

这个实验说明，老师给孩子设定目标要符合孩子的实际能力，不能太低或太高，使他们“跳一跳，够得着”才行。

> 制定目标，必须知道“高要求”与“要求过高而办不到”之间的界限。

也许有读者觉得孩子毕竟是孩子，如果是大人的项目就会不同了。其实不然，生活中，大多数人可能都有过打篮球的经历，如果把篮球架做两层楼那样高，或只有一个普通人那么高，还会有多少人去玩它呢？正是因为篮球架有一个跳一跳就够得着的高度，才使得篮球成为一个世界性的体育项目。

制定企业目标也是如此，一个“跳一跳，够得着”的目标最有吸引力，对于这样的目标，人们才会以高度的热情去追求。美国马里兰大学的心理学教授埃德温·洛克提出的目标设置理论指出，**当目标既是未来指向的，又是富有挑战性的时候，它便是最有效的**。

现实中，管理者大多倾向于制定较高的目标，因为较高的目标会给各个方面一个较好的心理预期，同时，需尽更大的努力来完成一些要求很高的目标，也有助于挖掘员工的工作潜力。但另一方面，目标高得绝不能没有限制，应该在一个许可的范围内。如果目标高得超出了企业的能力和员工的能力之所及，当它与现实脱节时，那么这时的目标只不过是管理者的一项良好的愿望而已。

目标是不可以凭理想和主观愿望去制定的。任何过高、过急和不切实际的目标，都将对企业产生巨大的危害，不管这个目标听起来多么令人振奋。

一个好高骛远的目标，会让人觉得不踏实、不可靠、没有追随的价值，继而使团队成员分心离德，导致军心溃散。所以，这个目标必须在力所能及的范围之内，有一定的真实性和可操作性。

☆ 用“小步子”完成大目标

在现实中，人们做事之所以会半途而废，其中的原因，往往不是因为难度较大，而是觉得成功离得太远。很多企业之所以会倒闭，不是因为他们的目标太大不可能完成，而是因为他们没有给自己定阶段性的目标。

实践证明，在总目标的基础上，适当设置阶段性目标，规划出实施步骤，对人的精神状态和潜力有着非同一般的意义。

在日本东京国际马拉松邀请赛中，名不见经传的日本选手山本一田爆冷门夺取了世界冠军。记者问他何以取得这么好的成绩时，他回答说，他是“凭智慧战胜对手。”他说：“每次比赛之前，我都要乘车把比赛的路线仔细看一遍，并把沿途比较醒目的标志画下来，比如第一个标志是银行，第二个标志是一棵大树，第三个标志是个一座红房子……这样一直画到赛程的终点，比赛开始后，我就以百米的速度奋力地向第一个目标冲击，等到达到第一个目标后，我又以同样的速度向第二个目标冲击。40多公里的赛程，就被我分解成这么几个小目标轻松地跑完了。起初，我并不懂这样的道理，我把我的目标定在40多公里外终点线上的那面旗帜上，结果我跑到十几公里时就疲惫不堪，我被前面那段遥远的路程给吓倒了。”

> 对于一项战略计划来说，把握好大目标与小步子之间的平衡是至关重要的。

设定一个正确的目标不容易，实现目标更难。大目标可使人感到工作有方向，但达到目标是个复杂过程，有时使人感到遥远或渺茫，打击人的信心。而阶段性任务则可以使人感到工作的阶段性、可行性和合理性；而且，考虑如何在短期或中期获得阶段性成就，是实现总目标的重要保证。因此，我们有必要把总目标分成若干个阶段性任务，并处理好大目标与小步子的关系。

零售业巨子沃尔玛就是采取大目标与小步子相结合的方法。沃尔玛的大目标是要做全球零售业的领袖，小步子是稳步推进，积极适度地扩张。小步子与大目标的相互配合使沃尔玛很快成为美国最大的零售企业。随着短期战略目标的实现，沃尔玛逐渐走上了向外扩张的国际化道路，成为世界第一大品牌。

一般来说，管理者可以将企业的长期目标、中期目标、短期目标结合起来。出色的企业或组织都有一个长期目标。管理者要根据这个目标来规划应做的各项努力。

中期目标和短期目标一般会非常具体，将长期目标拆散开来，分成几个小步子，可以采用上文中的马拉松“分段法”，把很长的距离分成几个小段，每一段都有一个标志性的事物，它可以是一份报告的问世，也可以是设计图的完成，哪怕仅仅是为后花园增添了一种花，也是在成功路上留下了脚印。

☆ 在企业利益中，巧妙显示出员工利益

传统的价值观倡导集体主义精神，主张个人以集体目标为核心，个人利益要服从于整体利益，“为了大我、牺牲小我”。一般来说，强调整体利益，拥有大局观，是无可非议的。但如果整体利益是以舍弃个人利益为前提，结果就会被愚弄。毕竟整体利益在一定意义上就是每个个体利益的相加，如果一边强调整体利益，一边却又忽视每个个体的利益，那么整体利益到底是谁的利益？

在企业中，如果管理者只强调企业的利益，或者只强调企业目标

的实现，而忽视了员工个体的利益，其结果很可能如所言，员工们不买账，最终导致企业目标难以实现。

某公司的一次会议上曾有过这样的情景：

一位员工站起来向经理提问："您每天对我们讲公司的伟大目标、宏伟战略，这些目标和战略和我们员工有多大的关系？目标达成了以后我们会得到什么呢？为什么每天都在谈企业的目标，却不谈一谈我们员工的目标呢？十年以后公司的目标营业额将达到50个亿，那么，如果我一直在这里为公司奋斗十年，我十年以后会得到什么，我会是什么样子？有谁告诉过我们这些关系到我们员工自身的问题？"

> 即使企业的目标很伟大，如果不与员工的利益相关联，也就不会对员工产生促进作用。

这位员工问出了许多管理者一直忽略的问题。什么是人性化管理？什么是激励？不关心员工的利益，怎何谈人性化管理？企业目标没有在员工中产生共鸣，又谈何激励？

这位员工能当面提出自己的疑问、表达自己的不满，从经理的角度来说，是很幸运的。如果是他像下面这位员工一样，所造成的损失就大了。

有一位家电经销公司的业务员，能力非凡，业务娴熟，经常为公司找到大的客户。到公司仅仅一年，就为公司赚来了上千万的利润。

在年终总结大会上，公司老总特地邀请他坐到自己的身边，对他大肆夸赞，并宣称，公司一年的业绩主要归功于这位业务员。会议快结束时，老总还给该业务员发了张奖状，但并没有发奖金。

失落感油然而生，但业务员没有表现出来，他很好地克制住了自己。

第二年，这位业务员利用公司管理的漏洞，私下里跟客户进行了好几次交易，并将盈利装进了自己的腰包。由于公司管理不到位，等公司发现他的问题的时候，他早已不知去向。

心理学研究证明，人的本性是自利的。这种因个人利益得不到合理的体现而损害公司利益的事情，在现实中并不少见。

能力最大的员工，往往破坏力也最强。即使他能够克制住自己的报复欲望，只要他不再尽心工作，公司的业绩也会受到很大的影响。

如果管理者看不到这一点，而只是一味地强调整体利益，其结果很可能就是“忽视了个人利益，整体利益也得不到实现”。这一方面，万科集团的总经理郁亮说过的一句话非常好，他说：“我们从不提倡你为了公司利益牺牲个人利益，不会要你拿将来的职业生涯做赌注。”

对于大多数职场人士而言，第一要务是经济利益导向。为生存也罢，感恩也罢，每个人都有责任为自己为家人过得更好而守望。这是朴素而务实的追求，满足不了这些期望，与员工合作前提条件不成立，在员工有所谓无所谓的归属感中，积极性能有几成？

真正高明的管理者，能为员工创造最大利润空间，同时最大可能地在员工与团队之间，员工与员工之间渗透一种观念：我们是合作创造多赢的利益共同体，要发挥团队协作的功效。这样才能最大限度地建立起员工的认同度、归属感。

一个懂得管理心理学的经理在得知一个员工想贷款买汽车时，他很快找到那位员工说："你想买汽车的目标很好，我们大家一起努力来为你实现，只要我们争取超额完成公司的目标，你的收入将出现大幅度增长。我们可以来计算一下，如果公司下个月的营业额为500万，而其中的80万是你的业绩，那么你的奖金应该是多少呢？计算一下就知道了。呵呵，不出三个月你就可以现款买车了，都不用贷款。"然后，继续跟他谈谈买了车以后他的生活将有哪些改变，周末及假期他将会怎样度过等，直到他握起拳头跳起来，大声说："我一定要成功！"

试想，如果管理者能和他的员工进行这样的沟通，让他们了解整体目标与个人目标的关系，他们会轻易降低自己的任务指标吗？问题是很多管理者都没有去关注员工的利益和目标。

再平凡的人，心理上也是抗拒平庸的。好好研究，利用好人性的向上向善面，把组织目标与员工个人的利益相关联，你就能激发员工自己想要把事情做好的愿望，组织的目标也能顺利实现。

☆ 个人目标汇聚成的共同目标，才最有能量

《孙子兵法·谋攻篇》曰："上下同欲者胜。"《黄石公三略上略》说："与众同好靡不成，与众同恶靡不倾。"心理学家马斯洛说："杰出组织的显著特征，便是具有共同的愿景与目标。"讲的都是同一个道理：目标一致，才能心往一处想，劲往一处使。军队战斗力强不强，治国政绩大不大，很大程度上取决于上下有没有共同目标，能不能团结一心，步调一致。

正是因为这一点，历来各个领域的管理者都非常重视共同目标，希望大家为着一个共同的目标奋斗。

共同目标应由个人目标汇聚而成，借着汇聚个人意愿，共同目标才能获得能量。如果企业没有了解员工的目标，那么他们被要求遵从的"共同目标"就没有融合他们个人的意愿，这样的"共同目标"不是真正的共同目标。

因此，管理者在设定共同目标时，一个很重要的工作就是要了解员工的意愿，看他们的远景或目标是什么。虽然企业的共同目标不可能跟每个人的个人意愿都相符，但是，只有当个人意愿和企业目标的方向一致时人们才会真诚相随。否则，他们所能做的就仅仅是附和别人的目标，结果只能是顺从，绝不是发自内心的愿意。因此，共同目标应反映尽可能多的员工的个人意愿。

当然，这绝不是说共同目标就是员工的个人意愿的单纯相加。从个人意愿上升到共同目标还需一个过程，管理者需要持续不断地鼓励员工发现自己的个人目标。同时要注意单有个人意愿是不行的，一定要在此基础上形成共同目标。因为共同目标远比个人意愿更具有创造性张力。

共同目标需要共同制定，经过充分讨论、补充和认可，从而上升为共识。个体目标与企业目标往往并不一致，要想实现企业目标是对个人目标最大的整合，共同制定是一个根本的途径。也只有通过全体成员的讨论和认可，才能让大家把这种目标看成是自己为自己制定的，而非别人为自己制定的；是自己意愿的反映，而非服从别人的意愿。

从心理上看，由于是共同制定，大家在形式与心理上是平等的，在讨论目标和达到目标的途径的过程才能给予成员越来越清晰的选择：他们可以反对企业选择的目标和途径并可以选择退出，或者他们可以参与进来一起努力实现。在共同制定目标这一过程中，成员之间心理契约层次达成一致，互信感与归属感得以很好地确立。同时，在平等环境中自愿留下来的成员会比较积极地工作，并且具有较强的团队协作精神。

可见，建立共同目标首先要放弃由管理决策层来单方面制定这一共同目标。因为这样的目标通常不是由个人意愿汇集而成的，这样传统的由上至下的行政性指导易导致目标的破产。而这些，又多是仍旧存在于企业中的官僚主义所造成的。在官僚主义的笼罩下，根本就无法形成一个共同目标。只有拆除了官僚主义的壁垒，才能为共同目标的建立扫清第一个障碍。让共同目标不再是官僚主义威逼下的服从意愿，而是广大员工发自内心的意愿汇集的共同体。

而且，传统的目标制定模式，由于缺乏沟通，在每个层面上，接受者都会加上一些自己的理解，甚至是用偏见对目标的解释。结果是，“共同目标”在自上而下的分解过程中，丧失了它的清晰性与一致性，甚至目标的被动接受者经常怨声载道，嫌目标不合理，工作热情下降，如此种种，就探出头来，导致目标难以实现。

然后，要进行摸底。就是向员工咨询对整体目标的意见，这非常重要，一方面可以让成员觉得这是自己的目标，而不是别人的目标；另一方面可以获取员工对目标的认识，即企业目标能做出什么别人不能做出的贡献，员工在未来应重点关注什么事情，员工能够从企业中得到什么，以及员工个人的特长是否在企业目标达成过程中得到有利发挥等，通过这些广泛地获取成员对企业目标的相关信息。

在进行摸底收集到相关信息以后，不要马上就确定共同目标，应就成员提出的各种观点进行思考，留下一个空间，给大家和自己一个机会，回头考虑这些提出的观点，以缓解匆忙决定带来的不利影响。正如管理名言所说：做正确的事永远胜于正确地做事！

接下来，管理者要与员工讨论目标表述。树立共同目标与其他目标一样也需要满足SMART原则：具体的（Specific）、可以衡量的（Measurable）、可以达到的（Attainable）、具有相关性（Relevant）、具有明确的截止期限（Time-based）。与员工讨论目标表述是将其作为一个起点，以员工的共同讨论而形成定稿，最终获得员工对目标的承诺。虽然这不容易，但这一步确是不能省略的，因此，管理者应运用一定的方法和技巧，确保员工的所有观点都讲出来，找出不同意见的共同之处，辨识出隐藏在争议背后的合理性建议，从而形成目标共享的双赢局面。

虽然很难让百分百的员工都同意目标表述的内容，但求同存异地形成一个员工们认可的、可接受的目标是重要的，这样才能获得大家对企业共同目标的真实承诺。

☆ 过于专注目标的方法，会影响目标的达成

一般来说，做事专注才能把事情做好，专注于目标才能达到目标。但是也有研究表明，如果对目标达成的方法过于专注，很可能改变目标的性质，甚至不再关心原来的目标是否达成。

这条可以用“目标置换效应”来解读。

所谓“目标置换”，就是把在达到目标的过程中，“对于如何完成目标的关切，致使渐渐地让方法、技巧、程序、信息等问题占据了一个人的心思，反而忘了整个目标的追求”，换言之，“目标如何达成”逐渐代替了“目标达成了没有”。据美国管理学家约翰·卡那做过的一项调查显示，在所有影响目标达成的因素中，“目标置换”因素占了67%以上。

> 问题的解决方法改变问题的性质。

这种实施目标过程中的“偏差”行为和“错位”现象，若不及时

发现和矫正，很容易影响目标的达成。

应该说，在实施目标的过程中，总是有或多或少、或直接或间接、或潜在或明显的因素干扰和阻碍着目标的达成。若从“目标置换”的角度上分析，主要有以下几个原因：

一是目标不明确，对目标的完成在数量、质量、时限、标准等方面规定得比较笼统，使目标缺乏方向感；

二是目标或过高，超出了人们的能力，或过低，激不起人们的兴趣，难以起到真正的导向作用；

三是目标实现周期长，随着时间的推移和环境的改变，达到目标的现实条件逐渐丧失；

四是出现了不可预料的事件，分散了目标实施者的精力和注意力；

五是目标实施者对目标的理解出现偏差，无意中使自己的行为偏离了既定目标；

六是因循守旧，思维僵化，不敢变通和创新，生怕“越雷池一步”；

七是缺乏团队精神，难以得到上级或同事的有力配合与支持；

八是实际操作能力低，缺乏达到目标的相关方法与手段；

九是缺乏信息意识，不能积极了解目标的实施进展情况并通过负反馈来及时调整和纠偏。

那么，如何防止“目标置换效应”的发生呢？

1. 要建立动态的目标体系

一方面，在目标的设立、分解、定责等过程中要使诸目标间形成一个相互支持、关联、照应的有机整体，总目标要成为分目标的“标杆”，各分目标要自觉地、主动地、经常地向总目标“看齐”；另一方面，要使一些目标具有相应的弹性，以便在出现新情况和新问题时能根据具体情况进行调整与完善。

2. 要实施全方位的目标管理

主要应抓好以下各环节：

（1）目标应建立在上下达成共识的基础之上，不能人为地“压任务”、“下指标”，最好由上下级协商确定，否则上下级往往会在目标问题上形成“博弈”关系。管理实践证明，上级亲自参与下级目标的制定过程，生产率的平均改进幅度可达56%，反之则仅达6%。

（2）目标要适度，过低则人忽其易，太高则人畏其难，也就是前面所说的“跳一跳够得着”为最好。

（3）目标间要建立其支持关系，以便于目标承担者之间的积极互动。

（4）为目标实施者创造必要的实施条件（设备、技术、培训、资金等）。

（5）赋予目标实施者充足的权力，并使目标与权力、责任和利益挂钩，以更好体现“目标激励”。

（6）调整式改革一些有碍于达到目标的规章、制度。

（7）鼓励目标承担者在权限以内大胆创新、独立自主。

3. 要解决“信息不对称”问题

从某种意义上讲，达到目标的过程，也是处理信息的过程，能否拥有充分、及时、准确、优质的信息对达到目标起着至关重要的作用，否则就会因信息不对称而导致目标实施者“逆向选择”行为和“道德风险”现象的发生。因此，管理者要为目标责任人提供必要的信息支持，并与其经常进行信息交流与沟通，帮助其正确分析形势、研究问题和解决问题。

4. 对目标的达成情况及时考评

管理者要定期对目标的进展情况进行检查和考评，并及时将检查和考评的结果反馈给实施者。一方面，对目标责任人所采取的一些行之有效的新方法和取得的新进展、新成果要及时给予肯定和鼓励；另一方面，对那些发生问题的责任人及时纠正和处理。这样，他们就知道有没有偏离目标，并了解自己干得怎样，怎样干得更好，目标置换的现象就没有那么容易出现了。

参考文献

[1] 吴全会 .《基础心理学》.[M]. 北京：北京师范大学出版社，2015.

[2] 刘永芳 .《管理心理学》.[M] 北京：清华大学出版社，2008.

[3] 高业 .《攻心管人术》.[M] 北京：中国致公出版社，2008.

[4][美] 詹姆斯著，唐钺译 .《心理学原理》.[M] 北京：北京大学出版社，2013.

[5] 高建国 .《人性心理学》.[M] 北京：中国经济出版社，2013.

[6] 博瀚 .《心理学的诡计大全集》.[M] 北京：同心出版社，2012.

[7] 张立宗 .《管人要懂的心理学》.[M] 北京：中国纺织出版社，2012.

[8] 汪中求 .《细节决定成败Ⅱ》.[M] 北京：新华出版社，2007.

[9] 孙科炎 .《情绪心理学》.[M] 北京：中国电力出版社，2010.

[10] 宗权 .《管理员工的 102 种手段》.[M] 北京：企业管理出版社，2010.

[11] 莱希 .《心理学导论》.[M] 上海：上海人民出版社，2010.

[12] 张国庆 .《让制度说话》.[M] 北京：企业管理出版社，2010.